Inhalt

Dokumente und Berichte

Zur Diskussion

Lutherisch und ökumenisch engagiert.
Eine Erwiderung (**Matthias Pöhlmann**) 568

Ökumenische Persönlichkeiten

Ökumenisch begründete Hoffnung im Angesicht des Todes.
Eine Würdigung des theologischen Lebenswerks
von Harald Wagner (**Dorothea Sattler**) 574

Gestern – heute – morgen, Von Personen, Zeitschriften und
Dokumentationen, Neue Bücher 577

65. Jahrgang
2016

Ökumenische Rundschau

Inhaltsverzeichnis

EVANGELISCHE VERLAGSANSTALT
Leipzig   www.eva-leipzig.de

Themen des 65. Jahrgangs:

Hauptartikel

Zur Diskussion

Dokumente und Berichte

Ökumenische Persönlichkeiten

Neue Bücher

Zu diesem Heft

Liebe Leserinnen und Leser,

der ökumenische „Pilgerweg der Gerechtigkeit und des Friedens" gibt den Diskussionen und Programmen innerhalb des Ökumenischen Rates der Kirchen zunehmend Richtung und Inhalt. Als große Überschrift über die fortlaufenden und neu initiierten Aktivitäten der weltweiten Gemeinschaft von Kirchen hilft diese Metapher vor allem das Selbstverständnis neu zum Ausdruck zu bringen, dass Ökumene nur als Prozess, als Weggemeinschaft gedacht werden kann, die klare, gemeinsame Ziele vor Augen hat – Frieden und Gerechtigkeit, und die sich verbunden weiß in einer Spiritualität, die sich im gemeinsamen Bekenntnis zum dreieinigen Gott gegründet weiß. – Der ausführliche Bericht von der vergangenen Sitzung des ÖRK-Zentralausssschusses (Trondheim/Norwegen) in diesem Heft informiert über die unterschiedlichen Konkretisierungen.

Inwiefern nun auch *Mission* unter dieser Perspektive eines „Pilgerweges" neu und anders verstanden werden kann, ist noch zu erarbeiten. Bischof *Geevarghese Coorilos,* Vorsitzender der ÖRK-Kommission für Weltmission und Evangelisation, deutet in seinem Beitrag bereits an, dass die nächste Weltmissionskonferenz (2018 in Arusha, Tansania) eben dieses leisten will, unter dem Motto *"Moving in the Spirit: Called to Transforming Discipleship".* Die ökumenische Weggemeinschaft des Heiligen Geistes weiß sich berufen zur verwandelnden Nachfolge Jesu. Sehr komprimiert scheinen hier bereits die unterschiedlichen, aber doch nicht voneinander zu trennenden Elemente auf. Die neue Missionserklärung „Gemeinsam für das Leben" (2012/2013) bietet eine inspirierende gemeinsame Grundlage.

Stets sollte ergänzend zu dieser neueren Missionserklärung das vom ÖRK, dem Päpstlichen Rat für den Interreligiösen Dialog und der Weltweiten Evangelischen Allianz *gemeinsam* erarbeitete Dokument „Das christliche Zeugnis in einer multireligiösen Welt" (2013) studiert werden. Hier ist zum einen illustriert, wie stark sich die althergebrachten Fronten zwischen „Evangelikalen" und „Ökumenikern" bereits aufgelöst haben. Zum anderen helfen die gemeinsam formulierten „Prinzipien" für interreligiöse Begegnungen zu verstehen, dass Mission aufgrund der sich stark verändernden Kontexte neu durchdacht werden muss, was unweigerlich auch zu einer Revision ihrer theologischen wie ekklesiologischen Reflexion führen muss. – An dieser Diskussion will sich die Ökumenische Rundschau beteiligen.

Gleich zwei Beiträge in diesem Heft setzen sich direkt mit den neu formulierten Erklärungen auseinander und sind aus einem Studientag erwachsen, den die Arbeitsgemeinschaft Christlicher Kirchen in Deutschland (ACK) im Rahmen des ökumenischen Prozesses „MissionRespekt" organisierte. *Johannes Berthold* greift hierzu auf die „doxologische Missionstheologie" von Henning Wrogemann zurück, da die Art und Weise, wie glaubende Menschen von Gott reden, erst die Möglichkeit eröffnet, im Dialog mit anders Glaubenden freimütig zu bekennen, ohne jede Relativierung. *Anja Middelbeck-Varwick* bezieht ihre Einsichten konkret auf die Begegnung mit dem Islam und definiert Mission in anderer Terminologie, vornehmlich als „Christusnachfolge". Sie beruft sich hierbei auf Reinhold Bernhardts religionstheologisches Modell des „mutualen Inklusivismus". Die Dialogsituation mit anders Glaubenden führt zu neuen Lernorten des Glaubens, auf allen Seiten.

Die folgenden beiden Beiträge beleuchten jeweils, auf sehr unterschiedliche Weise, weitere Veränderungen gegenwärtiger Kontexte und fragen nach dem sich daraus ergebenden Missionsverständnis. Der Mennonit *Andrew Suderman* erinnert an die Verfolgungssituation zur Zeit der Alten Kirche, in der das Martyrium zum äußersten Zeugnis in der Mission der Kirche wurde. Durch die veränderte Konstellation im Staat-Kirche Verhältnis hatte sich nach der konstantinischen Wende auch das Missionsverständnis der Kirche der staatlichen Machtausübung angepasst – nochmals radikalisiert in der Zeit aufkommender Nationalstaaten. Kann ein veränderter, von der neutestamentlichen Exegese hergeleiteter Machtbegriff die Missionstheologie neu ausrichten? – Die zunehmend säkularisierten Gesellschaften fordern zu diesen Überlegungen geradezu heraus. Der Katholik *Markus-Liborius Hermann* geht von der These Charles Taylors aus, dass die Säkularisierung gerade die Bedingung des Religiösen sei. Wie sieht eine Missionskirche „neueren Typs" aus, zum Beispiel auch in Ostdeutschland, wenn nicht mehr von einem Defizienzmodell ausgegangen wird, sondern ein echtes Alteritätsmodell zugrunde gelegt wird?

Zu den großen Veränderungen unserer Gesellschaft zählt derzeit sicherlich auch der Zustrom von geflüchteten Menschen, die vornehmlich nicht einer der christlichen Kirchen angehören. Zunehmend kommt es zu Taufen von Geflüchteten, die hier eine neue Heimat suchen und diese in helfenden und gastfreundlichen Kirchengemeinden finden, die eben das praktisch gelebte Zeugnis der Nachfolge Jesu vor die theologischen Satzwahrheiten des christlichen Bekenntnisses stellen. – Die Evangelische Kirche in Deutschland (EKD) und die Vereinigung Evangelischer Freikirchen (VEF) haben gemeinsam eine Handreichung erarbeitet „Zum Umgang von Taufbegehren von Asylsuchenden" (2013).

All diese neuen Erfahrungen in sich rasch verändernden Kontexten können nicht ohne Einfluss bleiben auf das Missionsverständnis – und somit auch das Selbstverständnis – der jeweiligen Kirchen. Als weltweite ökumenische Gemeinschaft haben die Kirchen aber die Möglichkeit, nicht nur sich selbst als pilgernde – und das heißt ja, sich auf dem Weg verändernde – Weggemeinschaft wahrzunehmen, sondern stets auch die anders Glaubenden und die nicht Glaubenden als Gefährten auf dem „Pilgerweg der Gerechtigkeit und des Friedens" zu entdecken. An dieser *missio Dei* zu partizipieren, gegen alle Versuchungen eines simplen Selbstabschlusses jedweder Art, tut Not.

Im Namen des Redaktionsteams

Ihr Fernando Enns

Ökumenische Missionstheologie – gestern, heute, morgen

Eine Perspektive der Kommission für Weltmission und Evangelisation (CWME)

Geevarghese Coorilos[1]

Einleitung

Es war das Engagement für die Belange der Weltmission und Evangelisation, das zum Entstehen der modernen ökumenischen Bewegung führte (Edinburgh 1910). Die Ökumene ist seither immer auch von der Agenda von Mission und Evangelisation ganz wesentlich beeinflusst worden. Und die Missionstheologie ist wiederum seit 1910 ökumenischer geworden. Eine ökumenische Missionstheologie hat sich seither stetig weiterentwickelt und hat die ökumenische Agenda beeinflusst, so wie sie ihrerseits von der ökumenischen Agenda beeinflusst worden ist. Mit der neuen Missionserklärung des Ökumenischen Rates der Kirchen „Gemeinsam für das Leben"[2] (*Together Towards Life*) wird dieser gegenseitige Einfluss noch deutlicher.

Dieser Beitrag will einen historischen Überblick über die Entwicklung der ökumenischen Missionstheologie seit 1910 und ihren Einfluss auf die Kirchen, die Wissenschaft und die Missionsgesellschaften geben. Er schließt mit einem Ausblick auf die Pläne der Kommission für Weltmission und Evangelisation (*Commission on World Mission and Evangelism* – CWME), im Jahr 2018 in Afrika eine Weltmissionskonferenz zum Thema einer „transformativen Nachfolge" (*transforming discipleship*) zu organisieren.

---

[1] Bischof Geevarghese Mor Coorilos ist Metropolit der Niranam Diözese der Malankara Jacobite Syrian Christian Church in Indien und Vorsitzender der Kommission für Weltmission und Evangelisation (CWME) des ÖRK.

[2] Siehe www.missionrespekt.de/fix/files/missionserklaerung-de-wcc.pdf (aufgerufen am 25.09.2016).

Ökumenische Missionstheologie von Edinburgh 1910 bis Edinburgh 2010

Mission und Evangelisation sind die Lebenslinien der Kirche. Die ökumenische Missionstheologie fasst diese Lebenslinien in wissenschaftliche Begriffe. Theorie und Praxis einer ökumenischen Mission haben eine lange Entwicklung genommen seit der ersten Weltmissionskonferenz in Edinburgh 1910, in deren Zentrum eine anscheinend fehlende Begeisterung für die Mission und der offensichtliche Mangel an evangelistischem Eifer im Westen standen.[3] Mission wurde damals aus einer imperialistischen Geisteshaltung wahrgenommen; es ging darum, die Welt der nicht-westlichen „Heiden" zu erobern und diese in eine nach dem westlichen Modell gestaltete, „zivilisierte" christliche Welt umzuwandeln.

Obwohl dieses imperialistische, expansionistische „Christentum"-Modell der Mission und Evangelisation weltweit einen langanhaltenden Einfluss auf das ökumenisch-missionstheologische Denken hatte, wurde doch bereits auf der zweiten Weltmissionskonferenz in Jerusalem 1928 die Vorstellung von der Mission als „Eroberung" als obsolet bezeichnet. Auch das Verhältnis zwischen den „älteren" und „jüngeren" Kirchen war dort bereits Gegenstand längerer Diskussionen.

Die folgende Weltmissionskonferenz in Tambaram 1938 war bahnbrechend, weil zum ersten Mal die Pluralität der Wahrheitsansprüche der verschiedenen Religionen von der weltweiten Kirche thematisiert wurde. „Die christliche Botschaft in einer nichtchristlichen Welt", eine vom Internationalen Missionsrat (IMR) in Auftrag gegebene Studie, beherrschte die Diskussionen in Tambaram. Vorherrschend war eine dialektische Annäherung an andere Religionen, wobei besonders der Aspekt der Diskontinuität betont wurde. Die zentrale Stellung der Kirche in der Mission (kirchenzentrierte Mission) war ein weiterer Schwerpunkt. – Auf der Konferenz in Whitby 1947 stand das Thema „Partnerschaft im Gehorsam" im Vordergrund.

Der Ökumenische Rat der Kirchen (ÖRK) wurde im darauffolgenden Jahr gegründet. Die folgende Missionskonferenz in Willingen 1952 war

---

[3] Für eine eingehende Darstellung der Geschichte der ökumenischen Missionstheologie seit 1910 siehe: *David J. Bosch:* Transforming Mission: Paradigm Shifts in Theology of Mission, New York 1991; *Kenneth R. Ross, Jooseop Keum, Kyriaki Avtzi and Roderick R. Hewitt* (eds.): Ecumenical Missiology: Changing Landscapes and New Conceptions of Mission, Regnum Edinburgh Centenary Series 35 (2016), 7–146 und *Geevarghese Coorilos:* Towards and Beyond Edinburgh 2010: A Historical Survey of Ecumenical Missiological Developments since 1910; in: International Review of Mission 99 (2010), 6–20.

von historischer Bedeutung. Sie markierte einen Wandel von einer „kirchenzentrierten Mission" hin zu einer „missionszentrierten Kirche". Willingen ist vor allem in Erinnerung geblieben, weil hier der Begriff der *missio Dei* geprägt wurde, ein Missionsparadigma, das einen umfassenden und nachhaltigen Einfluss auf das missionstheologische Denken hatte. David Bosch bemerkt zu diesem Konzept:

> „Nach dieser neuen Vorstellung ist Mission nicht primär eine Aktivität der Kirche, sondern ein Attribut Gottes … Mission wird als eine von Gott ausgehende Bewegung zur Welt hin angesehen; die Kirche ist Instrument für diese Mission … Es gibt die Kirche, weil es die Mission gibt."[4]

Das Konzept der *missio Dei* beeinflusst den missionstheologischen Diskurs bis heute. Die Missionskonferenz in Achimota 1958 war von Bedeutung, weil hier u. a. der Vorschlag des Zusammenschlusses von IMR und ÖRK diskutiert wurde. Obwohl es Skeptiker gab, die ernste Bedenken wegen der möglichen Schwächung der missionarischen Arbeit im Falle eines Zusammenschlusses äußerten, entschied sich die Achimota-Konferenz dann doch für den vorgeschlagenen Zusammenschluss, der auf der Vollversammlung des ÖRK in Neu-Delhi 1961 dann Wirklichkeit wurde. Das starke theologische Argument, dass Kirche und Mission, Ekklesiologie und Missionstheologie zusammengehören, hatte in Achimota überzeugt. Es war eben diese Hoffnung, dass die Belange von Einheit und Mission in der Agenda der weltweiten ökumenischen Bewegung vereint sein würden, die den IMR zum Zusammenschluss mit dem ÖRK bewegte. Und in der Tat ergänzte der ÖRK seine Verfassung, um das missionarische Wesen der Kirche deutlich zum Ausdruck zu bringen.

Seit diesem historischen Zusammenschluss von IMR und ÖRK ist es Privileg und Auftrag der Abteilung für Weltmission und Evangelisation (Division of World Mission and Evangelism – DWME) gewesen – die später in Kommission für Weltmission und Evangelisation (CWME) umbenannt wurde –, die Weltmissionskonferenzen für den ÖRK zu organisieren. Als wahre Erbin des IMR führte die CWME die ruhmreiche Tradition der Weltmissionskonferenzen fort.

Die nächste Weltmissionskonferenz fand in Mexiko-Stadt 1963 statt. Sie war die erste von der CWME organisierte Weltmissionskonferenz und hatte das Thema „Mission in sechs Kontinenten". Die bis dahin kirchenzentrierte Auffassung von Mission wurde durch eine theozentrische Vision

---

[4] *Bosch,* Transforming Mission, 390.

der Mission abgelöst, wobei insbesondere die trinitarische Perspektive im Zentrum stand. Man verstand Mission nicht länger als ein Gegenüber von „aussendenden" und „empfangenden" Ländern, sondern als ein Geschehen „von überall her bis überall hin".

Das westliche Modell der Mission wurde von der folgenden Weltmissionskonferenz in Bangkok 1972–73 vollständig in Frage gestellt: Hier wurde zu einem „Moratorium" der Aussendung von westlichen Missionaren in den Rest der Welt aufgerufen. Weiterhin wurden in Bangkok neue Modelle der Partnerschaft in der Mission diskutiert und bejaht und kontextuelle Theologien, sozio-ökonomische Fragen und solche der Evangelisation thematisiert. Dass Fragen der sozialen Gerechtigkeit einen besonderen Schwerpunkt bildeten, weckte das Misstrauen der „Evangelikalen", die eine Schwächung der persönlichen Dimensionen der Evangelisation und damit der persönlichen Umkehr befürchteten. Diese evangelikalen Bedenken führten schließlich zur Gründung der vom ÖRK unabhängigen Lausanner Bewegung (*Lausanne Committee for World Evangelization*) im Jahr 1974.

Das Thema der folgenden Weltmissionskonferenz in Melbourne 1980 war „Dein Reich komme". Auf dieser Konferenz war der Einfluss der lateinamerikanischen Befreiungstheologie mit ihrer Betonung der „bevorzugten Option für die Armen" deutlich zu spüren. Die Priorität, die Fragen der sozialen Gerechtigkeit eingeräumt wurden, vertiefte die Kluft zwischen „Ökumenikern" und „Evangelikalen" noch mehr. Die Letzteren befürchteten, dass das Streben nach Evangelisation und Kirchenwachstum hier geopfert würde. Der Abstand zwischen beiden Richtungen vergrößerte sich, und es war dieses Umfeld, in dem die erste Missionserklärung des ÖRK mit dem Titel „Mission und Evangelisation: Eine ökumenische Erklärung" (1982) entstand.[5] Die Erklärung war ein Versuch, die Kluft zwischen der ökumenischen Bewegung und den Evangelikalen in den 1970er Jahren zu überbrücken. Sie war als Konvergenzdokument gedacht, das die Balance zwischen gesellschaftlichem Zeugnis und persönlicher Umkehr halten sollte. Die Erklärung wurde 1982 vom ÖRK angenommen. Sie war von Grund auf trinitarisch ausgerichtet. Dass sie das Reich Gottes in den Mittelpunkt stellte, erleichterte die Integration der prophetischen und persönlichen Dimensionen von Mission und Evangelisation. In dieser Missionserklärung verbanden sich die Dringlichkeit der Umkehr mit der Dringlichkeit der kirchlichen Einheit. In vielerlei Hinsicht war diese Missionserklärung

---

[5] Siehe z. B. unter: https://difaem.de/fileadmin/Dokumente/Publikationen/Dokumente_AErztliche_Mission/mission_und_evangelisation.pdf (aufgerufen am 25.09.2016).

tatsächlich ein „echtes Konvergenzdokument".[6] Die Tatsache, dass die Missionserklärung von 1982 dreißig Jahre lang die offizielle Stellungnahme des ÖRK zur Mission blieb, spricht Bände über die breite Anerkennung, die ihr in all diesen Jahren widerfuhr.

Die neue Missionserklärung des ÖRK „Gemeinsam für das Leben" wurde nicht erarbeitet, um die Erklärung aus dem Jahr 1982 zu ersetzen, sondern um auf ihr aufzubauen angesichts der Veränderungen in der Welt.

Die Herausforderungen durch die religiöse Pluralität und ihre Implikationen für die christlich missionstheologische Auffassung von der Erlösung waren Gegenstand tiefgreifender Diskussionen auf der Missionskonferenz in San Antonio 1989, deren Thema „Mission in der Nachfolge Christi" war. Die Konferenz bekräftigte zwar, dass der einzige Weg zur Erlösung für Christen Jesus Christus sei, gestand aber zugleich zu, dass man Gottes erlösender Gnade keine Grenzen setzen könne und dass deshalb die Spannung zwischen beidem nicht lösbar sei.

Die Weltmissionskonferenz in Salvador de Bahia 1996 eröffnete eine wichtige Debatte über „Evangelium und Kultur(en)", die weitreichende Auswirkungen auf die weitere Missionstheologie und die Fragen von Inkulturation und Indigenisation haben sollte. Die Konferenz machte die kreative Spannung zwischen Kontexualität und Katholizität zum Thema und hob die Bedeutung verantwortlicher Beziehungen in der Mission, insbesondere im Blick auf die Vermeidung jeglichen Proselytismus, hervor. Sie markierte auch das endgültige Ende des „Eurozentrismus" im ökumenisch-missiologischen Diskurs.

Zum ersten Mal in der CWME-Tradition behandelte die Missionskonferenz in Athen 2005 ein pneumatologisches Thema: „Komm Heiliger Geist, heile und versöhne". Es war auch das erste Mal, dass eine Weltmissionskonferenz in einem überwiegend kirchlich orthodoxen Umfeld stattfand. Die Themen Heilen und Versöhnen wurden hier aus einer pneumatologischen Perspektive reflektiert. Athen war auch ein ernsthafter Versuch, die unterschiedlichen missionarischen Ansätze der *missio Dei* und der *missio ecclesiae* miteinander zu versöhnen.

Obwohl die als Jubiläumsfeier in Edinburgh 2010 abgehaltene Missionskonferenz keine von der CWME organisierte Weltmissionskonferenz war, war die CWME als Mitorganisator stark beteiligt. „Christus heute bezeugen" hieß das zentrale Thema der Konferenz, die vor allem eine Feier von 100 Jahren ökumenischer Mission in Theorie und Praxis war. Ein

---

[6] *Jacques Matthey:* Milestones in Ecumenical Missionary Thinking from the 1970s to the 1990s; in: International Review of Mission 88 (1999), 296.

breitgefächerter Studienprozess mit umfassenden Analysen missionarischer Fragestellungen im Vorfeld der Konferenz bildete einen der Höhepunkte. Der „Gemeinsame Aufruf" der Edinburgh-Konferenz 2010 zeigte, wie Jooseop Keum anmerkt, dass Positionen, die seit Jahrzehnten vom ÖRK vertreten worden waren, nun Allgemeingut geworden sind: *missio Dei,* Bevollmächtigung und Demut, die gesamte Schöpfung als der Geltungsbereich der Mission, die Ganzheitlichkeit des Evangeliums, Einheit und Mission, Mission von überall her bis überall hin.[7] – Die CWME konnte aufgrund ihrer Beteiligung an der gemeinsamen Konferenz in Edinburgh selbst keine eigene Weltmissionskonferenz 2010 abhalten, ein gewisser Ausgleich war aber die von ihr organisierte Tagung in Manila 2012 im Vorfeld der ÖRK-Vollversammlung in Busan (2013). In Manila wurde erstmals der Entwurf der neuen Missionserklärung „Gemeinsam für das Leben: Mission und Evangelisation in sich wandelnden Kontexten" zur kritischen Reflexion vorgestellt. Diese Fassung wurde dann überarbeitet und vom ÖRK-Zentralausschuss in Kreta 2012 einmütig angenommen. Während der Vollversammlung in Busan wurde die neue Missionserklärung dann formell auf einer Plenarsitzung vorgestellt.

Das ökumenische Missionsdenken hat also seit Edinburgh 1910 einen weiten Weg zurückgelegt. Es gab weitreichende Veränderungen und „seismologische Beben". Kolonialistische Formen der Mission und Evangelisation wurden abgelöst von postkolonialen Paradigmen: klassische Formen des missionstheologischen Diskurses wurden ersetzt durch kontextuelle Formen; eurozentrisches und monolithisches Denken und die entsprechende missionarische Praxis wurden ersetzt durch polyphone Ausdrucksformen der Missionstheologie und -praxis.

Gemeinsam für das Leben: Mission und Evangelisation in sich wandelnden Kontexten

Wie bereits erwähnt, hatte es nur eine offizielle Missionserklärung des ÖRK (1982) seit dem Zusammenschluss des IMR mit dem ÖRK (1961) gegeben. Obwohl vieles aus der Missionserklärung von 1982 noch gültig war, erforderten die umfassenden globalen Veränderungen seit den 1980er Jahren einen neuen Blick auf die globale Situation und die Auswirkungen für die weltweite Mission und Evangelisation. Die radikalen weltweiten Verän-

---

[7] *Jooseop Keum:* Together in God's Mission: The Prospects for Ecumenical Missiology; in: *Ross et al.,* Ecumenical Missiology, 567.

derungen in der Demographie des Christentums wurden in diesem Zusammenhang als einer der Hauptfaktoren benannt. Der Schwerpunkt des Christentums hatte sich vom globalen Norden in den globalen Süden verlagert. Die Globalisierung, die zunehmende Säkularisierung und Migration wurden ebenfalls als signifikante Veränderungen im globalen Kontext angesehen. Der Aufstieg der pentekostalen und charismatischen Kirchen und neuer Formen von Kirchesein waren weiterer Ansporn zur Revision von Missionstheologie und Ekklesiologie.

Die CWME nahm diese Herausforderung sehr ernst und begann unmittelbar nach der ÖRK-Vollversammlung in Porto Alegre (2006) mit dem Projekt einer neuen Missionserklärung des ÖRK. Nach einem anstrengenden Prozess wiederholter Revisionen wurde die neue Missionserklärung „Gemeinsam für das Leben: Mission und Evangelisation in sich wandelnden Kontexten" (Together Towards Life: Mission and Evangelism in Changing Landscapes – TTL) dann schließlich in Busan 2013 als die neue Missionserklärung des ÖRK angenommen und verabschiedet. Der neuen Missionserklärung (TTL) geht es um „eine Vision, Konzepte und Wegweisungen für ein neues Verständnis und eine erneuerte Praxis der Mission und Evangelisation in sich verändernden Kontexten zu entfalten".[8] TTL soll den Mitgliedskirchen und Missionsgesellschaften Hilfe sein, ihr kirchliches und soziales Umfeld aus einer aktuellen, kontextuellen und missionstheologischen Perspektive zu verstehen. Und es besteht die Hoffnung, dass sie aufgrund ihres Ziels, die seit 1982 veränderte und sich verändernde kirchliche Landschaft des globalen Christentums zu begreifen, einen spürbaren Einfluss auf das Leben der Kirchen haben wird. Im Folgenden einige der hervorstechendsten Merkmale von TTL.

1. Lebenszentrierte Mission

„Ich bin gekommen, damit sie das Leben und volle Genüge haben sollen" (Joh 10,10) ist die biblische Grundlage von TTL. Die Erklärung geht davon aus, dass das Ziel von Gottes Mission die Fülle des Lebens ist. Das Leben wird hier ganzheitlich gesehen unter Einbeziehung der biologischen, physischen, gesellschaftlichen, ökologischen und eschatologischen Dimensionen des Lebens. Aus einer trinitarischen Perspektive wird Leben als etwas beschrieben, das durch die „trinitarischen Werte" Gleichheit, Würde, Teilhabe und Gerechtigkeit definiert wird. Das so gesehene Leben

---

[8] Gemeinsam für das Leben, a. a. O. (FN 2), Einleitung.

steht für TTL im Gegensatz zu der Version eines „Lebens im Überfluss", die der globale Markt vertritt, ein luxuriöses Leben einer kleinen Minderheit auf Kosten der großen Mehrheit. Das von der trinitarischen Ökonomie der Gerechtigkeit und Teilhabe abgeleitete trinitarische Leben steht im Gegensatz zur konsumistischen Sicht des Lebens, die die neoliberale Ökonomie des offenen Marktes vertritt, die den Reichen nutzt und den Armen schadet. Darum ist TTL ganz unzweideutig in seiner Ablehnung der absolutistischen „Ideologie des Mammon", die das kapitalistische neoliberale Wirtschaftssystem propagiert. Eine Wirtschaft, die auf der Diktatur des Mammon basiert, ist gegen das Leben gerichtet und deshalb gegen den Gott des Lebens.

In TTL heißt es: „Die Negation des Lebens kommt einer Verleugnung des Gottes des Lebens gleich. Der dreieinige Gott lädt uns zur Teilnahme an seiner Leben spendenden Mission ein und schenkt uns die Kraft, Zeugnis von der Vision eines Lebens in Fülle für alle angesichts des neuen Himmels und der neuen Erde abzulegen."[9]

Indem TTL lebenszentriert ist, ist es auch schöpfungszentriert. Die Missionstheologie von TTL setzt bei der Schöpfung an. Die *missio Dei* beginnt mit dem Schöpfungsakt Gottes und setzt sich in den Akten der Neuschöpfung fort. Wie wir gesehen haben, umfasst das Leben für TTL das Leben in seiner Gesamtheit, einschließlich des nichtmenschlichen Lebens in der Natur. Für TTL ist das Evangelium „eine gute Nachricht für jeden Teil der Schöpfung und jeden Aspekt unseres Lebens und unserer Gesellschaft".[10] Das Besondere an der missiologischen Schöpfungstheologie von TTL ist, dass sie der Natur, die nicht bloß Objekt menschlicher Mission ist, ebenfalls ein missionarisches Handeln zuspricht. Vielmehr hat die Schöpfung selbst *eine Mission im Blick auf die Menschheit.* Es gibt viele Beispiele in der Bibel, wo die Natur und ihre Ressourcen als Kräfte von Gottes Mission der Heilung handeln (die Geschichte in Joh 9, wo Jesus den Blindgeborenen mit Naturmitteln heilt, ist ein gutes Beispiel dafür, wie die Schöpfung an der Mission mitwirkt). Die Missionstheologie von TTL transzendiert also den Anthropomorphismus. Die Schöpfung wird hier „Gottes Missionsteam", wie Elizabeth Theokritoff sagen würde.[11]

---

[9]   Ebd., Abschn. 1.
[10] Ebd., Abschn. 4.
[11] *Elizabeth Theokritoff:* God's Creation as Theme of Missionary Witness: an Orthodox View; in: *Lukas Vischer* (ed): Witnessing in the Midst of Suffering Creation, Geneva 2007, 116.

Die in TTL formulierte Missionstheologie basiert auf dem Sein und Werden der Person des Heiligen Geistes innerhalb der Heiligen Trinität. Mission ist deshalb Teilhabe am Wirken des Heiligen Geistes. Ein großer Teil der protestantischen Theologie und Missionstheologie vertrat ja einen christozentrischen Universalismus, und folglich war für sie die „Ökonomie des Heiligen Geistes" oftmals Nebensache. TTL hat erfolgreich die Bedeutung der Pneumatologie für die Missionstheologie wieder ins rechte Licht gerückt. Die Missionserklärung von 1982 stellte mit einer zutiefst christozentrischen Emphase die „Mission in der Nachfolge Christi" in den Mittelpunkt. Die pneumatologische Perspektive, so würde Kirsteen Kim argumentieren, soll jedoch nicht die christologische Sichtweise ersetzen, sondern ergänzen.[12] In diesem Sinne ist TTL kein Ausdruck der Diskontinuität, sondern der Kontinuität, da die Mission des Heiligen Geistes in TTL im Rahmen der *missio Dei* innerhalb eines umfassenderen trinitarischen Gesamtbildes verankert ist.

Die pneumatologische Perspektive in TTL führte zu einer Missionstheologie, in der es nicht in erster Linie um Strategien oder Methoden der Mission und Evangelisation geht, sondern eher um Spiritualität und Lebensorientierung, „denn ich muss es tun" (1 Kor 9,16). Mission wird hier als transformative Spiritualität definiert. Dem ontologischen Modus der Mission wird in TTL besondere Beachtung geschenkt, denn christliches Zeugnis ist nicht nur, was wir in der Mission tun, sondern auch wie wir die Mission leben. Es ist dies eine Missionstheologie, die dafür eintritt, dass zwischen dem, was wir predigen, und dem, was wir in unserem Leben tun, keine Diskrepanz bestehen sollte.

Ein anderer wichtiger Aspekt der Pneumatologie, der in TTL zum Tragen kommt, ist der, dass der Person des Heiligen Geistes Individualität und eine unabhängige Identität zugesprochen wird. Anders als im Modell der *historischen Pneumatologie,* in dem der Heilige Geist als Beauftragter Christi zur Erfüllung der Mission gesehen wird und er völlig abhängig von der Person Christi ist, folgt TTL dem Modell der *eschatologischen Pneumatologie,* das die individuelle Identität der Person des Heiligen Geistes bejaht. Diese trinitarische, eschatologische Pneumatologie vermeidet den Reduktionismus des Christomonismus. Hier steht die Ökonomie des Heiligen Geistes neben der Ökonomie des Wortes/Christus. Die Ökonomie des

---

[12] *Kirsteen Kim:* Responding to the Changed Landscape of the 21st Century: The Process and Content of Together Towards Life; in: *Ross et al.,* Ecumenical Missiology, 382.

Heiligen Geistes kann innerhalb der Missionstheologie auch eine Perspektive eröffnen, die den interreligiösen Dialog und die Entwicklung von Beziehungen erleichtert. „Der Geist weht, wo er will" (Joh 3,8) und wir können dem Wirken des Heiligen Geistes keine Grenzen setzen. Der „ungebundene Geist" kann nicht gezähmt oder von irgendeinem Glauben oder irgendeiner Kultur privatisiert werden. Darum stellt TTL mit Nachdruck fest, dass es „Teil unserer Mission (ist), in jeder Kultur und in jedem Kontext Leben spendende Weisheit anzuerkennen, zu respektieren und in unsere Arbeit einzubeziehen" und dass „verschiedene Formen der Spiritualität, die dem Leben verpflichtet sind, ihren eigenen Wert und ihre eigene Weisheit haben. Daher macht authentische Mission den ‚Anderen' zum Partner und nicht zum ‚Objekt' der Mission".[13] – Es muss jedoch zugegeben werden, dass TTL zu der Frage der interreligiösen Beziehungen nicht viel Zeit und Energie investiert hat und dies daher einer der Hauptbereiche für zukünftige Arbeit bleibt.

3. Mission von den Rändern her

Für die Missionserklärung von 1982 bildeten die Armen das entscheidende Kriterium für die Glaubwürdigkeit und Wirksamkeit der Mission. Die Beziehungen der Kirchen zu den Marginalisierten waren demnach nicht einfach nur eine Frage der sozialen Ethik, sondern der Treue zum Evangelium selbst. Jesus Christus demonstrierte diese zentrale Bedeutung, indem er zu den Marginalisierten ging, bis zu dem Punkt, dass er „draußen vor dem Tor" starb (Hebr 13,12).[14] „Mission von den Rändern her" in TTL geht aber über diese Perspektive der klassischen Befreiungstheologie hinaus.

„Mission von den Rändern her" (Abschn. 36–54) ist mit Sicherheit der Teil, der TTL besonders auszeichnet. Er beginnt mit der Feststellung, dass Mission von den Rändern her (*Missions from the Margins,* ab hier mit MFM abgekürzt) die befreiende Mission des Heiligen Geistes (Lk 4) ist und ein neues Verständnis der Machtverhältnisse und von Gottes Bund mit den Marginalisierten erfordert. MFM repräsentiert deshalb eine gegenkulturelle Missionstheologie und eine alternative missionarische Bewegung. Mission wird nicht mehr als eine Einbahnstraße begriffen, in der der rei-

[13] Gemeinsam für das Leben, a. a. O. (FN 2), Abschn. 93.
[14] Vgl. *Deenabandhu Manchala:* Margins; in: *Ross et al.* (eds.), Ecumenical Missiology, 310.

che und mächtige globale Norden die einzigen Akteure stellt und die Armen und der globale Süden die bloßen Empfänger der Mission sind. „Zentrum" und „Ränder" sind deshalb terminologische Mittel, um Machtbeziehungen in der Mission zu kritisieren. Das ist wichtig, weil Geld, Macht und Mission stets Seite an Seite gegangen sind. Was TTL und MFM wirklich zu einer subversiven Missionstheologie macht, ist die Tatsache, dass in MFM die Marginalisierten zu Handelnden in der Mission werden. Es handelt sich also um eine Missionstheologie, in der die bis dahin Empfangenden der Mission ihren Status als Subjekte und Initiatoren der Mission reklamieren. Es ist eine Infragestellung der traditionellen missiologischen Auffassung, dass Mission stets von den Mächtigen hin zu den Machtlosen erfolgt, von den Reichen zu den Armen, vom globalen Norden in den globalen Süden, vom Zentrum zu den Rändern. TTL kehrt dies um und stellt fest: „Menschen am Rande haben eigene Handlungsoptionen und sehen oft, was außerhalb des Blickfeldes von Menschen im Zentrum liegt."[15] TTL hebt auch die besonderen epistemologischen Fähigkeiten der Marginalisierten hervor. Das ist die besondere Gabe der Marginalisierten zu unterscheiden, was dem Leben dient und was es zerstört. Der Schmerz und die Mühen des täglichen Lebenskampfes der Marginalisierten gibt ihnen die besondere Fähigkeit, den Gott des Lebens und auch diejenigen Kräfte zu erkennen, die ihnen das Leben verwehren. In diesem Sinne geht MFM über das konventionelle befreiungstheologische Modell einer „Option für die Armen" hinaus. Es handelt sich hier nicht um eine Mission zu den Rändern hin oder eine Mission für die Armen, sondern um eine Mission durch die Marginalisierten.

MFM ist sicherlich die am stärksten diskutierte Perspektive von TTL. Einer der Hauptkritikpunkte an MFM, hauptsächlich aus dem globalen Norden kommend, ist, dass die Semantik von „Zentrum" und „Rändern" in TTL nicht differenziert und problembewusst gesehen werde. Manche sehen sogar die Gefahr eines „umgekehrten Orientalismus" in diesem Paradigma und halten die Kritik am globalen Norden und seiner Missionsgeschichte nicht für ausgewogen. Deenabandhu Manchala, einer der Hauptautoren dieses Abschnittes von MFM, antwortet auf diese Kritiken mit der Bemerkung, der Begriff „Ränder" sei in der Tat ein relativer und hänge von der jeweiligen Wahrnehmung und Interpretation ab. Man könne durch den Rekurs auf die Semantik auch die Ursachen und die Dynamik der Marginalisierung überdecken, das Gesicht der Macht wie auch das der Opfer. Der fortwährende Bezug auf die „Mission von den Rändern her"

---

[15] Gemeinsam für das Leben, a. a. O. (FN 2), Abschn. 38.

ohne dieses Bewusstsein könne die Marginalisierten aufwerten, Bevormundung fördern und seinerseits die Ursachen der Marginalisierung verschleiern – auf deren Kern das Konzept ja abziele.[16]

Bei MFM geht es also nicht um Akte der Wohltätigkeit für die Marginalisierten. Es geht nicht einmal um eine befreiende Mission für die Ränder. Es geht um die Marginalisierten selbst (die marginalisierten Menschengruppen und den globalen Süden im Allgemeinen), die zu Subjekten und Handelnden der Mission werden. Das bedeute, so Manchala, die wie es scheint endlosen Vorschriften zur Mission beiseite zu schieben und sich mit der großen Welt der marginalisierten Menschen zu verbinden, unter denen Gott gegenwärtig ist, in ihren Seufzern und Schreien nach Leben und Gerechtigkeit. Die Letzten, die Verlorenen und die Geringsten waren die VIPs für Jesus Christus und für seine Mission. So solle es auch für die Kirche sein.[17]

TTL hat eine noch nie dagewesene, die Grenzen von Kulturen, Kontexten und Konfessionen überschreitende Aufmerksamkeit und Zustimmung erfahren. Keine andere Erklärung des ÖRK hat solche Anerkennung in der jüngeren Geschichte des Ökumenischen Rates bekommen. Kein Wunder also, dass der ehemalige ÖRK-Generalsekretär Konrad Raiser von TTL als „dem bedeutendsten ÖRK-Dokument der letzten 25 Jahre" sprach. Der gegenwärtige Generalsekretär des ÖRK, Olav Fykse Tveit, nannte TTL „ein großes Geschenk an den ÖRK, seine Mitgliedskirchen und an unsere vielen Partner".

Die CWME hat 150 individuelle Stellungnahmen zu dem Text erhalten. Dies deutet auf das weltweite Interesse hin, das TTL hervorgerufen hat. Der Text ist bis jetzt in 20 Sprachen übersetzt worden und weitere Übersetzungen sind in Arbeit. Weltweite missionarische Institutionen wie die *Global Ministries* der Methodistischen Kirche (GBGM) und das Evangelische Missionswerk in Deutschland (EMW) haben bereits Bücher und Studienführer zu TTL veröffentlicht. Die CWME ist gegenwärtig dabei, Curricula für die missionarische Ausbildung vorzubereiten, die auf den TTL-Aussagen beruhen. Ein neuer Band von *Ecumenical Missiology: Changing Landscapes and Conceptions of Mission*[18] ist gerade erschienen, mit Kapiteln zur Geschichte der ökumenischen Missionstheologie seit 1910, zu den Hauptthemen der Weltmissionskonferenzen und zu TTL. Der letzte Teil des Buches enthält kritische Überlegungen zu TTL aus verschie-

---

[16] Vgl. *Manchala*, Margins, 312.
[17] Ebd., 319.
[18] *Ross et al.* (eds.), Ecumenical Missiology.

denen konfessionellen, kontextuellen und theologischen Perspektiven. Verschiedene Mitgliedskirchen, nationale und regionale Kirchenräte und theologische Institutionen haben bereits Seminare zu TTL veranstaltet und dieser Trend setzt sich mit großer Begeisterung fort. Es gibt eine breite Zustimmung zu der neuen Perspektive der Pneumatologie, insbesondere zu den neuen Einsichten hinsichtlich einer Mission als transformativer Spiritualität. Die Zusammengehörigkeit von Einheit und Mission, die in TTL klar ausgesprochen wird, hat ebenfalls viel Zustimmung erfahren. Vielleicht ist das neue Paradigma einer „Mission von den Rändern her" die Ursache, warum TTL gleichzeitig so populär und kontrovers ist.

Wie bereits erwähnt, wurde von manchen die Kritik am Westen, der westlichen Mission und den neoliberalen ökonomischen Modellen in TTL als zu undifferenziert und sogar unfair empfunden. Es gibt aber auch andere, die denken, dass dies gerade die stärksten Abschnitte des ganzen Dokuments sind. Die Semantik von „Zentrum" und „Rändern" hat zu lebhaften Diskussionen in der Wissenschaft geführt. Es bleibt jedoch die Tatsache, dass MFM und seine Sicht von Mission das prophetischste und fortschrittlichste Element in TTL ist. Es gibt zweifellos, wie mit Recht festgestellt wurde, einige Lücken in TTL, so hinsichtlich der Themen Gendergerechtigkeit, interreligiöser Dialog, Säkularisation und Fragmentierung sowie deren Auswirkungen auf die heutige Mission und Evangelisation. Um diese Leerstellen zu schließen, hat die CWME eine MFM-Arbeitsgruppe eingerichtet, die sich diesen Fragen missionstheologisch widmen soll. Missionarische Ausbildung ist ein weiteres Gebiet, auf dem sich die CWME durch ihre Arbeit im Bereich der Evangelisation engagiert, insbesondere durch das Programm *"Explorations in Evangelism",* vormals *"Schools of Evangelism".*

4. Transformative Nachfolge: CWME nach TTL

Die CWME möchte die neue Energie und die Begeisterung aufnehmen und erhalten, die TTL unter den Mitgliedskirchen des ÖRK, in der römisch-katholischen Kirche, in pentekostalen und charismatischen Kirchen sowie internationalen Missionseinrichtungen und sonstigen dem ÖRK verbundenen Institutionen ausgelöst hat. Auf seiner kürzlich stattgefundenen Tagung in Trondheim, Norwegen, hat der Zentralausschuss des ÖRK den Vorschlag der CWME formell angenommen, eine Weltmissionskonferenz 2018 in Tansania abzuhalten. Wie schon erwähnt, ist die CWME damit beauftragt, alle zehn Jahre eine Weltmissionskonferenz zu organisieren. Die vorgeschlagene Missionskonferenz in Tansania ist als „vielgestaltige Veranstaltung" gedacht, die „freudiges Zeugnis in Wort und Tat für Jesus Christus und sein Evangelium" beinhalten soll, ebenso das „Engagement für Gerechtigkeit und Versöhnung unter allen Menschen und in der ganzen Schöpfung ... die Suche nach neuen Wegen, Gottes Mission in der Welt treu zu bleiben, unter der Leitung des Heiligen Geistes".[19]

Es ist von Bedeutung, dass die nächste Weltmissionskonferenz in Tansania, Afrika, stattfinden wird. Seit 1958 (Achimota, Ghana) hat es keine Weltmissionskonferenz mehr in Afrika gegeben. Der Schwerpunkt des globalen Christentums liegt jetzt im globalen Süden, insbesondere in Afrika. Folglich ist es sinnvoll und an der Zeit, dass die Weltmissionskonferenz in Afrika stattfindet. Die CWME hat im Zuge ihrer Vorbereitungen für die nächste Missionskonferenz verschiedene Zeichen der Zeit als kontextuelle Herausforderungen erkannt, die auf der Konferenz behandelt werden sollten. Themen wie Rassismus, Patriarchat und andere trennende Strukturen, die wachsende Konflikte und Ungleichheiten verursachen, wären demnach Hauptthemenbereiche, mit denen sich die Konferenz befassen würde:

– Heutige Formen der Sklaverei, die sich in Formen massiver Migration und in den Flüchtlingskrisen manifestieren;

– der negative und zerstörerische Gebrauch moderner Techniken, insbesondere ihre Auswirkungen auf die Jugend und ihre Implikationen für das christliche Zeugnis;

– der wachsende religiöse Extremismus und Terrorismus und seine schwerwiegenden Folgen für Kinder und Heranwachsende;

– die Glaubwürdigkeitskrise, der sich die Kirchen heute gegenübersehen und die daraus sich ergebenden Herausforderungen im Blick auf eine spirituelle Erneuerung;

– Fragen der Säkularisation;

– die Krise der institutionalisierten Ökumene und der Missionsorganisationen und der Aufschwung alternativer, basisorientierter ökumenischer und missionarischer Bewegungen;

– die weiter fortschreitende Globalisierung von Wirtschaft und Kultur und ihre Auswirkungen auf das Christentum einschließlich Mission und Evangelisation vis-a-vis einer „Wohlstandsevangeliumskultur";

– die eskalierende ökologische Krise, insbesondere der alarmierende Klimawandel.

Moving in the Spirit: Called to Transforming Discipleship wird das Thema der nächsten Weltmissionskonferenz sein. Die biblische Grundlage

---

[19] Aus dem Vorschlagstext der CWME für eine Weltmissionskonferenz, vorgetragen und angenommen auf der Sitzung des Zentralausschusses des ÖRK in Trondheim, 2016.

des Themas ist Gal 5,25: „Wenn wir im Geist leben, so lasst uns auch im Geist wandeln." Ein geistzentriertes/pneumatologisches Thema wird von großer Bedeutung im afrikanischen Umfeld sein, denn Afrika repräsentiert einen Kontext, in dem der Geist lebendig ist und Leben in die Kirche haucht. Die pneumatologische Emphase des Themas passt auch sehr gut zur geistzentrierten Missionstheologie von TTL. Dies wird auch die Möglichkeit eröffnen, so hofft die CWME, die verbleibenden Lücken wie die pneumatologischen Implikationen hinsichtlich des interreligiösen Dialogs und der Gendergerechtigkeit zu schließen.

„Im Geist wandeln" lässt auch das Thema des Pilgerweges anklingen und stellt damit die Verbindung mit dem heute wichtigsten Programm des ÖRK her. Mission wird hier als eine immer weiter gehende Reise aller Gläubigen begriffen, geführt und geleitet durch den Heiligen Geist – ein missionarischer „Pilgerweg der Gerechtigkeit und des Friedens".

Der zweite Teil des Themas soll ein Aufruf sein und eine Einladung – ein missionarischer Aufruf zu einer transformativen Nachfolge. Als Nachfolger und Nachfolgerinnen Jesu werden wir verwandelt und sind aufgerufen, die Welt zu verwandeln. Das Thema bezeichnet also eine „missionarische Nachfolge", wie Papst Franziskus es bezeichnen würde. Steve Bevans merkte bereits an, dass es sinnvoll wäre, dieses Thema in einem ökumenischen Kontext zu erkunden, da es das Wesen der Kirche, ihre Spiritualität und die Evangelisation betrifft.

Nachfolge ist ein übergreifendes Thema von Mission und Evangelisation. Bemerkenswerterweise gibt es im *Dictionary of the Ecumenical Movement* keinen Eintrag unter „Nachfolge". Dies vielleicht, wie Benjamin Conner vermutet, weil Nachfolge in allen Themen, die mit Mission und Evangelisation zu tun haben, impliziert ist. Er definiert Nachfolge als „Jesus Christus antworten und folgen mit dem Ziel der Vereinigung mit Gott durch Christus in der Kraft des Heiligen Geistes".[20] Der Begriff „Nachfolger, Jünger" hat wenigstens zwei Bedeutungsaspekte: Lernende und Nachfolgende zu sein. Beide Aspekte, das Lernen (Ausbildung) und die Nachfolge (Praxis) sind eng miteinander verbunden. Eine authentische missionarische Ausbildung ist darum essentiell für eine authentische missionarische Nachfolge. Diesen Aspekt der missionarischen Ausbildung hat Kyriaki Avtzi, ÖRK-Exekutivsekretär für Evangelisation, hervorgehoben:

> „Ein Verständnis von Evangelisation als Nachfolge ist fruchtbarer Boden, denn dadurch wird unser Zeugnis aktiv und kollektiv, beziehungsreich, kontextuell, betont die Wichtigkeit von Ausbildung, während wir uns für die Wiederherstellung der Ein-

---

[20] *Benjamin Conner:* Discipleship; in: *Ross et al.* (eds.), Ecumenical Missiology, 247.

heit der Christenheit einsetzen ... unser Engagement für Gerechtigkeit, Frieden und Versöhnung ist untrennbar mit unserer Verpflichtung verbunden, die da heißt ‚gehet hin und machet zu Jüngern'."[21]

Die Notwendigkeit einer wirkungsvollen und gründlichen Ausbildung in der Mission wurde bereits früher, während der Entstehungsphase von TTL, von Seiten der CWME betont. Die damalige Arbeitsgruppe zum Thema Evangelisation wies auf einer ihrer Sitzungen in Athen auf die Bedeutung des „Jüngermachens" in der Mission und Evangelisation hin. In der Alten Kirche gab es die Praxis eines zweijährigen Katechumenats, das das Ziel hatte, das Leben der Menschen zu verändern. Die Menschen zu lehren, wie man in der heutigen komplexen Welt Jesus authentisch nachfolgen kann, ist eine der Hauptaufgaben für die CWME-Missionskonferenz.

Das Thema der Nachfolge und Jüngerschaft ist auch aufs Engste mit dem TTL-Konzept der Mission von den Rändern her verbunden. Authentische Nachfolge bedeutet, Christus im Dienste der Geringsten, Verlorenen und Letzten zu folgen, wie es in Mt 25 heißt. Transformative Nachfolge begreift man vielleicht am besten, wenn man darunter die Transformation des Lebens der Menschen, vor allem der Marginalisierten versteht. In dieser Perspektive bedeutet transformative Nachfolge Wandeln auf dem spirituellen „Pilgerweg der Gerechtigkeit und des Friedens". Konrad Raiser drückt es auf prägnante Weise aus:

> „Die Vision einer christlichen Nachfolge beinhaltet den Aufbau langfristiger, nicht-exklusiver sozialer Formen, die eine Gemeinschaft mit einem menschlichen Antlitz entstehen lassen, in der die menschliche Würde gewahrt, grundlegende menschliche Bedürfnisse befriedigt und unterschiedliche kulturelle Identitäten und menschliche Fähigkeiten anerkannt werden ...
> Heute wird unter christlicher Nachfolge oft die Teilnahme an großen Bewegungen und Initiativen für Gerechtigkeit und Umwelt verstanden, die den ‚anonymen Machtzentren' Widerstand leisten."[22]

Es ist diese Vision einer transformativen Nachfolge, auf die die CWME mit seinen Vorbereitungen für die nächste Weltmissionskonferenz abzielt.

---

[21] *Kyriaki Avtzi* in ihrer Präsentation des Berichts über Evangelisation auf der Tagung des CWME.

[22] Zitiert in *Connor,* Discipleship; in: *Ross et al.* (eds.), Ecumenical Missiology, 256.

Wie diese Ausführungen zeigen, hat sich die ökumenische Missionstheologie seit Edinburgh 1910 stetig weiterentwickelt. Am auffälligsten in der Entwicklungsgeschichte der ökumenischen Missionstheologie ist vielleicht die immer wiederkehrende Spannung zwischen „Evangelikalen" und „Ökumenikern", insbesondere hinsichtlich der leidigen Alternative des Vorrangs von entweder persönlicher Evangelisation oder sozialer Gerechtigkeit. Es gab Augenblicke auf dieser Reise, in denen die Gegensätze sehr scharf zutage traten und *beide* Richtungen sogar getrennte Wege gingen. Die ungesunde Polarisierung zwischen diesen beiden „Lagern" hat wiederholt der Moral, der Kreativität und der Glaubwürdigkeit beider Richtungen geschadet. Eines der großen Verdienste der neuen Missionserklärung des ÖRK (TTL) ist es, dass sie diese Kluft überbrücken und die Polarisierung überwinden konnte: Evangelikale und Ökumeniker waren fähig, sich zusammenzusetzen und gemeinsam die neue Missionserklärung zu erarbeiten.

Die CWME ist entschlossen, in ihrer zukünftigen Arbeit auf dem Erreichten aufzubauen, insbesondere im Hinblick auf die Planung und Organisation der nächsten Weltmissionskonferenz in Tansania 2018. „Transformative Nachfolge", das Thema der Konferenz, hat das Potential, beide Richtungen, die ökumenische und die evangelikale, zusammenzuführen in Gottes Mission: *Gemeinsam für das Leben.*

Übersetzung aus dem Englischen: Dr. Wolfgang Neumann

Mission als Zeugnis – zu einer doxologischen Missionstheologie[1]

Johannes Berthold[2]

Ich habe viele Jahre Altes Testament unterrichtet und immer tief darüber gestaunt, welch ein Buch des Dialoges es ist. Wie in ihm Erkenntnisse und Erfahrungen sich streiten und widersprechen, sich ergänzen und bestätigen. Und all das nicht als Unvollkommenheit, sondern als Gotteszeugnis. Und es ist gerade der Weg des Dialoges, der Gott als Geheimnis der Welt vor menschlicher Ingriffnahme schützt.

Allerdings ist im Alten Testament das Gespräch von einer Mitte her gestaltet. Die hier so kontrovers diskutieren, sind eine Bekenntnisgemeinschaft, die jeden Teilnehmer innerlich bindet und verpflichtet. Wie gelingt ein Dialog, wenn diese Bindung nicht gegeben ist? Wenn jeder aus verschiedenen „Systemen" heraus spricht? Wenn bei zwar gemeinsamer Erinnerungsspur sich die Erinnerungen dann doch widersprechen – etwa in der Tradition über Abraham oder Jesus? Und wenn gerade dort, wo sich der Dialog ganz dem Hören und Verstehen des anderen widmet, die Differenzen deutlich werden? Dann wird auch das ganz und gar absichtsfrei gesprochene Wort ein „Zeugnis" in sich tragen, weil es in die Differenz hineingesprochen ist. Insofern sind für mich Dialog und Zeugnis keine sich ausschließenden Gegensätze.

[1] Vortrag auf dem Studientag „Missionsverständnis im Gespräch" der Arbeitsgemeinschaft Christlicher Kirchen in Deutschland (ACK) am 30. September 2015. Der Studientag war ein weiterer Baustein im Prozess „MissionRespekt", der aufgrund des Papiers „Das christliche Zeugnis in einer multireligiösen Welt" angestoßen wurde.

[2] Johannes Berthold war von 1990 bis 2008 Professor für Religionspädagogik an der Fachhochschule Moritzburg und ist seit 2008 Vorsitzender des Sächsischen Gemeinschaftsverbandes.

Die Erklärung „Das christliche Zeugnis in einer multireligiösen Welt" beginnt mit den Worten: *„Mission gehört zutiefst zum Wesen der Kirche. Darum ist es für jeden Christen und jede Christin unverzichtbar, Gottes Wort zu verkünden und seinen/ihren Glauben in der Welt zu bezeugen. Es ist jedoch wichtig, dass dies im Einklang mit den Prinzipien des Evangeliums geschieht, in uneingeschränktem Respekt vor und Liebe zu allen Menschen.* "[3]

Das sind Sätze von großer Klarheit, die sowohl den Inhalt als auch die Haltung der Mission benennen. In der Tat: Wenn Mission zutiefst zum Wesen der Kirche gehört, sie also nicht nur Mission *treibt*, sondern Mission *ist* und an dieser Kommunikation des Evangeliums jeder Teil hat, dann kann sie nicht *nicht* kommunizieren.[4] Mit diesen Sätzen bin ich in der komfortablen Lage, über etwas zu sprechen, was ich von Herzen bejahe. Doch muss man sich auch mit dem Nein beschäftigen, das mitunter kämpferisch formuliert wird, so dass wir es möglichst weit von uns weisen möchten, bisweilen aber auch allzu sehr verinnerlichen.

Der Philosoph Herbert Schnädelbach zählt Mission zu den sieben Geburtsfehlern der Christenheit und verbindet sie mit westlichem Imperialismus und Kolonialismus in der Vergangenheit und mit Fundamentalismus und Intoleranz in der Gegenwart.[5] Auch Ulrich Beck schrieb:

„Gott ist gefährlich – so human Religion auch scheinen mag: Sie birgt stets einen totalitären Kern. Das Samenkorn religiös motivierter Gewalt liegt im Universalismus der Gleichheit der Glaubenden begründet, die den Anders- oder Ungläubigen entzieht, was sie dem Glaubenden verheißt: Menschenwürde … Die Gesundheitsminister warnen: Religion tötet. Religion darf an Jugendliche unter 18 Jahren nicht weitergegeben werden."[6]

---

[3] *Evangelisches Missionswerk in Deutschland/Internationales Katholisches Missionswerk missio* (Hg.): Studienausgabe zum ökumenischen Dokument: Christliches Zeugnis in einer multireligiösen Welt, Hamburg 2014, 5.

[4] S. auch *Karl Rahner:* „Nun ist evident, dass zu den wesentlichen Selbstvollzügen der Kirche ihre missionarische Sendung gehört." *Ders.:* Sämtliche Werke, Bd. 19: Selbstvollzug der Kirche. Ekklesiologische Grundlegung praktischer Theologie, Solothurn u. a. 1995, 343 f. Ebenso *Karl Barth:* „Evangelisation ist die besondere, der Kirche zweifellos auf der ganzen Linie gestellte Aufgabe, dem Wort Gottes eben unter den zahlreichen Menschen zu dienen…"; in: *Ders.:* Kirchliche Dogmatik IV/3, 2. Hälfte, Zollikon-Zürich 1959, 1000.

[5] Vgl. *Herbert Schnädelbach:* Der Fluch des Christentums. Die sieben Geburtsfehler einer alt gewordenen Weltreligion. Eine kulturelle Bilanz nach zweitausend Jahren; in: DIE ZEIT Nr. 20, 11.05.2000.

Nach Beck dürfen wir die Wahrheitsfrage nicht mehr stellen, wenn wir überleben wollen: „Inwieweit Wahrheit durch Frieden ersetzt werden kann, entscheidet über die Fortexistenz der Menschheit."[7]

Angesichts der derzeitigen Weltlage liegt in solchen Sätzen ein tiefer Ernst. Doch meine ich, dass nicht die Wahrheitsansprüche der Religionen das Problem sind, sondern wie sie mit diesen Ansprüchen umgehen! Das kann man nicht genug würdigen. Als Christen sind wir an Christus gewiesen, in dessen Person Wahrheit und Liebe identisch werden. Genau hier liegt auch die höchste Garantie für wirkliche Toleranz – nämlich eines Umgangs mit der Wahrheit, deren einzige Form die Liebe ist. Die Geschichte – auch unsere eigene – und auch die Gegenwart zeigen, dass sich Wahrheit auch mit dem Hass verbinden kann, der „hässlich" macht und die Freiheit des Glaubens zerstört.

Ich wünschte mir, dass sich in einer globalisierten Welt alle Religionen auf eine solche Ethik der Mission einigen könnten. Ohne diese Klärung wird es keine friedliche Koexistenz und keinen friedlichen Wettstreit geben. Dass dies im Dialog mit dem Islam durchaus möglich ist, zeigt der Schweizer muslimische Reformdenker Tariq Ramadan, der von Europa nicht mehr als dem feindlich-ungläubigen „Haus des Krieges" sprechen will, sondern vom „Haus des Bezeugens", vom „Haus der Einladung zum Glauben"[8]. Und der tunesische Intellektuelle Muhammed Talbi sagt, es bleibe „... die Pflicht zum Apostolat (!) dennoch ganz erhalten. Sie nimmt nur die edelste und schwierigste Form an, die des verinnerlichten dschihad, und öffnet den Weg zu einem gesunden Wetteifer im Guten"[9].

Beide Religionen – Christentum und Islam – können auf Mission nicht verzichten, denn beide haben einen je eigenen universalen Inhalt. Doch beide müssen sich auch an die Spielregeln halten, dass Mission nur auf Freiheit hin geschehen kann, die Annahme, aber auch Ablehnung zulässt.

2. „Die Wiederkehr des Glanzes in der Welt" – Ergriffene der Wahrheit

Was ist das genannte „Wort Gottes" in der Präambel der Missionserklärung „Das christliche Zeugnis in einer multireligiösen Welt", das wir be-

---

[6] *Ulrich Beck:* „Gott ist gefährlich"; in: DIE ZEIT Nr. 52, 19.12.2007.

[7] Ebd.

[8] S. *Arnd Bünker/Christoph Gellner* (Hg.): Kirche als Mission. Anstiftung zu christlich entschiedener Zeitgenossenschaft, Zürich 2011, 95.

[9] Zitiert bei *Bünker/Gellner* (Hg.): Kirche als Mission, a. a. O., 96.

zeugen und dem zu glauben wir einladen? Die Überschrift ist der Versuch, dies mit einem Buchtitel von Christof Gestrich auszudrücken. So schreibt Gestrich etwa: „Die Wiederkehr des Glanzes (der Doxa) hebt an, wenn wir endlich von Gott wieder hören. Von Gott nichts zu hören, ist der Menschen größte Not."[10] Gott aber habe unüberhörbar in Jesus Christus gesprochen und in ihm „inmitten einer durch Sünde demolierten Wirklichkeit" als Wort der Gnade. Und an anderer Stelle noch einmal: „Die Rückkehr des Glanzes ... nennt die Bibel Gnade." Es ist für Gestrich bezeichnend, dass jetzt seine Sprache zu jubeln beginnt:

> „Das Wunder der Existenz dieses guten Wortes... ist ja keineswegs kleiner als wenn es geschähe, dass inmitten eines Gletschers durch eine plötzliche ungeheure Wärmewirkung ein Rosengarten aufblühte."[11]

Ich stelle fest: Von der Rückkehr des Glanzes – der Doxa – kann man eigentlich nur doxologisch reden – im Lobpreis. Er ist gewissermaßen die Muttersprache unseres Glaubens. Ähnlich finde ich es bei Michael Trowitzsch:

> „Wohin man schaut im Neuen Testament: Es wird – mit Freude! – von der Offenbarung Gottes selbst geredet: ‚Das Wort ward Fleisch. Und Christus ist das Lamm Gottes, welches die Sünde der Welt trägt.' Die der Welt! Alles das sind Aussagen, die einfach von einer letzten, guten, unüberbietbaren Wahrheit wissen, vom Evangelium Gottes."[12]

Etwas weniger doxologisch, aber theologisch nichts anderes sagt Eberhard Jüngel, wenn er von Gott „in der Identität mit Jesus Christus"[13] als das eigentliche Geheimnis der Welt spricht. Identität! – also nicht nur eine der vielfältigen endlichen Erscheinungsformen des Göttlichen. Aus der Identität Gottes mit Jesus Christus folgt alle Mission, die alle Völker in die Schule Jesu schicken will, weil er uns den wahren Gott und das wahre Menschseins lehrt.

Von der Selbsterschließung Gottes in Jesus Christus her fällt übrigens auch ein eigener Glanz auf das, was wir den christlichen Monotheismus nennen, der kein monarchischer, sondern ein sozialer Monotheismus ist – Zeugnis eines Gottes, der in sich nicht Monolog, sondern Dialog, nicht Ein-

---

[10] *Christoph Gestrich:* Die Wiederkehr des Glanzes in der Welt. Die christliche Lehre von der Sünde und ihrer Vergebung in gegenwärtiger Verantwortung, Tübingen 1996, 32.

[11] Ebd., 28.

[12] Vgl. *Michael Trowitzsch:* Interreligiöser Dialog, Mitteldeutsche Kirchenzeitung am 13.10.2013.

samkeit, sondern Gemeinschaft ist – und sich selbst überschreitende Liebe mit all den darin liegenden sozialen und politischen Konsequenzen. Der Berliner Theologe Walter Schmidthals schreibt dazu:

> „Die christliche Trinitätslehre ist das theologische Fundament der Unterscheidung von Religion und Politik. Für den Islam ist dagegen festzustellen, dass Mohammed sowohl Religionsstifter als auch autoritärer Staatsmann gewesen ist... Das Kalifat ist geistliche und weltliche Herrschaft... Dieser historischen Ausgangssituation entspricht als theologisches Fundament der radikale Monotheismus des Islam... Es ist der strenge Monotheismus, der eine Verbindung von authentischem Islam und offener Demokratie ausschließt."[14]

Eine politisch erzwungene Wahrheit widerspricht der in Christus geoffenbarten Liebe, die nicht zwingt. Deshalb hat „Gott, der Schöpfer" uns so frei gemacht, „dass sogar sein Zwingen unsere Liebe nicht erzwingen könnte". Und deshalb will Gott „uns gegenüber allmächtig sein, dass er unser Herz gewinnt durch seine Herablassung im Sohn, im Kreuz des Sohnes. Keine andere Allmacht Gottes kann unser Herz erobern und öffnen" (Emil Brunner).[15]

Grundlage dafür ist die Gottesoffenbarung in Jesus Christus. Deshalb, sagt Bischof Mortimer Arias, muss „alles Handeln, das evangelistisch sein soll, ... auch den Namen nennen, der über alle Namen ist, muss versuchen, die Grenze zwischen Glauben und Unglauben zu überschreiten *und die frohe Botschaft zu verkündigen"*.[16] Ich füge hinzu: ... in Demut zu verkündigen. Demut heißt für mich nicht, die Botschaft zu relativieren, sondern sich selbst zu relativieren. Der Anspruch dieser Botschaft bleibt auch in unserer multireligiösen Welt bestehen. Doch sind wir nicht im Besitz dieser Wahrheit, die wir gönnerhaft an andere weiterreichen. Wir sind nicht Besitzende, sondern Ergriffene dieser Wahrheit, die ja auch zugleich schön ist, wie Arnold Stadler sagt, als er das Evangelium „etwas Schönes" nannte, „ein Ja zum Leben, eine Absage an den Tod".[17]

Soviel zur Muttersprache unseres Glaubens, ohne die wir kein Zeugnis ablegen, aber auch keinen Dialog führen können, der ja auch nur möglich ist, wo sich beide Partner ihrer jeweiligen Sache gewiss sind und sich dann auch angstfrei der Gewissheit des anderen aussetzen können.

[13] *Eberhard Jüngel:* Gott als Geheimnis der Welt. Zur Begründung der Theologie des Gekreuzigten im Streit zwischen Theismus und Atheismus, Tübingen ⁷2001, 519.
[14] *Walter Schmidthals:* Islam heißt Staatsreligion; in: ZEIT ONLINE 09.02.2006.
[15] *Emil Brunner:* Dogmatik I, Zürich 1953, 272.
[16] So der bolivianische Bischof *Mortimer Arias* 1975 bei der Vollversammlung des ÖRK in Nairobi; in: *Hanfried Krüger* (Hg.): Jesus Christus befreit und eint. Vorträge von Nairobi. Beiheft 30 der ÖR, Frankfurt a. M. 1976.
[17] *Arnold Stadler;* in: Focus 17 (2011), 59.

In einem dritten Punkt geht es um die Frage, wie sich die Verkündigung dieses Evangeliums gestaltet. Ich habe es wieder mit einem Buchtitel versucht, diesmal von Henning Wrogemann.[18] Der Ort dieses Zeugnisses ist m. E. gar nicht zuerst die besonders herausgehobene Veranstaltung, sondern der Alltag mit seinen vielfältigen Begegnungen. Orte der Konvivenz, wie Theo Sundermeier sagte, der gegenseitigen Hilfeleistung, des Gesprächs, des Feierns. Durch die Zuwanderung von Angehörigen anderer Religionen nach Deutschland haben wir alle Möglichkeit, diese Konvivenz einzuüben. Die Begegnung mit intensiv gelebter nichtchristlicher Frömmigkeit kann z. B. Anlass zu selbstkritischer Besinnung geben – auch über unsere leeren Kirchen. Ich erinnere nur an den Afrikaforscher Charles de Foucauld, der gerade aufgrund seiner Begegnung mit dem Islam begann, über die eigene christliche Frömmigkeit nachzudenken und in der Folge davon eine Hinwendung zu Christus erlebte. Die Begegnung bietet immer auch die Gelegenheit für christliche Deutungsangebote. Auch für die kleinen alltäglichen Geschichten, wie sie uns das Evangelium in Fülle anbietet, die sich mit unserem eigenen Alltag verbinden und die Sehnsucht wecken, den Horizont öffnen und „den Glanz widerspiegeln", wie Wrogemann seine doxologische Missionstheologie nennt. Was meint er damit?

Er erinnert zum Beispiel an die paulinische Rede vom „Überfluss". „Der Dienst, der zur Gerechtigkeit führt, fließt über an Herrlichkeit" (2 Kor 3,9). Doch nicht nur die Herrlichkeit fließe für Paulus über, sondern auch Gottes Trost, Kraft, Gnade. Eine aus dem Überfluss Gottes entworfene Missionstheologie setze nicht unter Druck, sie bedürfe nicht einmal eines besonderen Entschlusses, sondern sei ein ganz selbstverständlicher Vorgang. Und sie ziele auf das Gotteslob, die Doxologie aus dem Munde derer, die Hilfe und Befreiung erfahren haben.[19]

Ein anderes Wort sei „Glanz". In 2 Kor 4,4 spricht Paulus vom Erstrahlen des Glanzes auf dem Angesicht Christi, der Gottes Ebenbild ist. Mission sei, dass „durch uns entstünde die Erleuchtung zur Erkenntnis der Herrlichkeit Gottes in dem Angesicht Jesu Christi" (V. 6).

Schließlich spricht Paulus von „Christi Wohlgeruch für Gott unter denen, die gerettet werden" (2 Kor 2,16) – Mission also als eine sich ausbrei-

---

[18] *Henning Wrogemann:* Den Glanz widerspiegeln. Vom Sinn der christlichen Mission, ihren Kraftquellen und Ausdrucksgestalten. Interkulturelle Impulse für deutsche Kontexte, Münster 2012.

[19] Ebd., 30.

tende, wohltuende und heilende Atmosphäre, wie sie Düften eigen ist. „Es geht um atmosphärische Dimensionen des Heilsgeschehens, um lebensverändernde Kräfte, die die Räume des zwischenmenschlichen Miteinanders ebenso betreffen wie die Räume zwischen Gott und Menschen."[20] Dieser doxologische Ansatz versteht Mission als ganzheitliche Begegnung mit dem Glauben, weil das Eigentliche nicht zu lehren, sondern nur zu erfahren ist.

Ich wurde dabei an Bischof Reinelt erinnert, der in tiefen DDR-Zeiten als Kaplan an der Dresdner Hofkirche Erwachsene auf die Taufe vorbereitete:

„Nicht rein sachliche Darstellungen katholischer Lehre öffneten bei den Katechumenen die Herzen, sondern die Freude am Glauben, der Jubel über die Geschenke Gottes, besonders in der Feier der Liturgie und dem gemeinsamen Lobgebet. Noch heute bin ich mit den damaligen Taufbewerbern verbunden. Nur einer von den Kandidaten verstand den Lobpreis Gottes und die Freude am Glauben nicht. Er blieb innerlich eiskalt. Ich wurde skeptisch und konnte durch einen Trick erkennen, dass dieser Mann von der Stasi beauftragt war, sich in unsere Gemeinde einzuschleichen. Das ist ihm nicht gelungen. Nach dieser Erfahrung war mir deutlich geworden, wie Freude und Lobgesang über den Glauben existenziell notwendig sind für die Glaubwürdigkeit des Bekenntnisses. Es gibt kein ‚trockenes' Bekennen. Dem Geheimnis des Glaubens kann sich der Mensch nur im Staunen nähern. Wer sich von Gott unendlich geliebt versteht, kann sich bei all seiner Armseligkeit nur tief verneigen und anbeten."[21]

Nun verdanke ich Wrogemann einige Einsichten zum Thema Respekt, das auch in unserem Dokument („Das christliche Zeugnis in einer multireligiösen Welt") eine zentrale Rolle spielt:

a. Respekt vor dem Gegenüber
Respekt sei eine schätzende und schützende Haltung, die den anderen nicht bloßstellt, ihn auch das Gesicht wahren lässt, seine kulturelle Tradition nicht schlecht macht und über seine Religion kein „falsch Zeugnis" ablegt. Respekt sei auch sensibel für asymmetrische Machtverhältnisse, in denen die Kirche auf Menschen trifft, die in ökonomisch, sozial und kulturell bedingter Benachteiligung leben.

Allerdings sei es ebenso respektlos, dem anderen das Zeugnis von Christus vorzuenthalten – aus Bedenken, es könnte den anderen nicht interes-

---

[20] Ebd., 34.
[21] Zit. nach *Gunther Geipel/Ulrich Wilckens:* Theologie als Lobgesang. Eintauchen in die Tiefe und Weite der Anbetung, Hannoversch Münden 2015, 9.

sieren oder irritieren, verletzen oder verärgern. Diese „vorauslaufende Selbstzurücknahme" sei „jedoch eine Haltung, die dem anderen gegenüber nicht wirklich respektvoll ist, da der andere nicht mehr Subjekt seiner Entscheidung ist, sondern Objekt einer christlichen Fremdwahrnehmung". Es gäbe Formen der „Fürsorge", die eher Ausdruck eines verdeckten Paternalismus sind, bei dem man sehr genau wisse, was für den anderen gut sei. Respekt vor dem Menschen heißt hier die bewusste Anerkenntnis dessen, dass ich nicht weiß, wie der andere fühlt, was er aus dem Angebot von Gesprächssituationen aufzugreifen wünscht und was nicht. Oftmals sind wir verblüfft, welche Aspekte eines Gespräches vom jeweils anderen gehört würden und welche nicht.[22]

b. Respekt vor dem Evangelium bzw. dem Wirken Gottes

In der Begegnung mit anderen verdient auch der eigene Glaube Respekt. Auch von ihm dürfen wir kein „falsch Zeugnis ablegen", indem wir ihn verschweigen oder relativieren. Respekt vor dem Evangelium äußert sich darin, dass wir seinen Geschichten vertrauen und sie anderen empfehlen.

> „Ein Außenvorlassen der biblischen Erzählung kann es, so wichtig hier Einfühlungsvermögen und Fingerspitzengefühl ist, nicht geben, denn das Wort Gottes wirkt letztlich durch sich selbst, man kann sich ihm nur anvertrauen."[23]

Hier wird ein Missionsverständnis ansichtig, das Mission nicht von menschlicher Beredsamkeit oder Argumentationslogik abhängig macht. Es vertraut auf die selbstwachsende Saat. Gott selbst sei ja sein eigener Zeuge und Bekehrung ein Werk des Heiligen Geistes. Gerade diese Einsicht mache frei und gelassen zu einer charmanten Mission, die weder sich selbst noch andere unter Druck setzt.

c. Respekt vor sich selbst

Schließlich spricht Wrogemann auch von Respekt im Blick auf die eigene Person, den Selbstrespekt. Christen sollen authentisch bleiben und sich nicht verbiegen. Keiner muss verleugnen, dass sein Glaube ihm etwas bedeutet und er die Sehnsucht hat, ihn mit anderen zu teilen. Unser Zeugnis sei auch eine Art „Selbstoffenbarung", bei dem ein Mensch etwas von seinem Innersten preisgibt.

---

[22] *Wrogemann,* Den Glanz widerspiegeln, 137.
[23] Ebd., 143.

„Indem der Glaubenszeuge etwas von der Freude des Glaubens anklingen lässt, gibt er nicht nur in leiblicher Weise zu erkennen, was ihn trägt, stärkt, orientiert, hilft, sondern es kommt als Beziehungsaspekt auch das Vertrauen dem anderen gegenüber zum Ausdruck, im Gespräch solche Freude anklingen zu lassen."[24]

Und wie sollte es bei diesem doxologischen Missionsansatz Wrogemanns anders sein, als dass es ihm geradezu um die „Wiederentdeckung des Christentums als einer Religion der Freude" geht.

4. Das christliche Zeugnis als Ruf zur Bekehrung

Mit diesem letzten Stichwort berühre ich den heikelsten Punkt. Im Blick auf das Dokument „Das christliche Zeugnis in einer multireligiösen Welt" bemerkte schon Michael Biehl richtig, die Erklärung halte sich sprachlich genau dort zurück, wo Mission auf Veränderungen bei anderen ausgerichtet sei. Nur zweimal sei von Bekehrung die Rede.

Natürlich besteht ja die Angst, ein Zeugnis, das auf Bekehrung zielt, könne das gedeihliche Zusammenleben zwischen Religionen und Kulturen stören oder zerstören. Deshalb formulierte das Theologische Forum Christentum-Islam an der Akademie der Diözese Rottenburg-Stuttgart im März 2010: „Mission im Sinne von Zeugnis geben ja – auf Bekehrung und Konversion ausgerichtete Glaubensmission, Proselytentum nein!"[25]

Dem möchte ich die Kundgebung der EKD-Synode in Leipzig 1999 gegenüberstellen, in der es heißt:

„Wir haben den Auftrag, Menschen die Augen zu öffnen für die Wahrheit und die Schönheit der christlichen Botschaft. Wir wollen sie dafür gewinnen, dass sie sich in Freiheit an Jesus Christus binden und sich zur Kirche als der Gemeinschaft der Glaubenden halten. Diese Bindung geschieht grundlegend in der Taufe. Wer getauft ist, gehört fortan zu Christus."[26]

Mit dieser Kundgebung wird natürlich akzeptiert, dass jede Religion auch ihren je eigenen Wahrheitsanspruch hat; auch bleibt der Respekt vor

---

[24] Ebd., 144.
[25] *Christoph Gellner:* Dialog, Zeugnis, Mission – ein Widerspruch? Orientierungsmarken und Problemanzeigen; in: *Arnd Bünker/Christoph Gellner:* Kirche als Mission. Anstiftungen zu christlich entschiedener Zeitgenossenschaft, Zürich 2011, 94.
[26] Kundgebung zum Schwerpunktthema „Reden von Gott in der Welt – Der missionarische Auftrag der Kirche an der Schwelle zum 3. Jahrtausend"; in: Leipzig 1999. Bericht über die 4. Tagung der 9. Synode der EKD vom 7.–11. November 1999, www.ekd.de/synode99/beschluesse_kundgebung.html (aufgerufen am 18.09.2016).

den anderen Deutungsangeboten gewahrt. Doch will man auf die Wahrheitsfrage nicht gänzlich verzichten, hängt viel davon ab, in welchem Maße es gelingt, auch die Differenzen respektvoll zu benennen und das alternativlos Besondere des christlichen Glaubens argumentativ offen darzulegen.

Genau diese Differenzen zwischen den Religionen schließen auch die Möglichkeit der Konversion ein. Sie sind unvermeidbare Folge jedes ergebnisoffenen Zeugnisses. Denn die Wahrnehmung dessen, was andere glauben, denken und tun, kann zur Folge haben, dass ich in dem, was ich bisher glaubte, dachte und tat, irritiert werde. Das für mich Fremde kann mich anziehen. Menschen können fragen: „Was sollen wir tun?" Und wir werden sie einladen, sich in Freiheit an Christus zu binden und zur Gemeinde zu halten, in der die neue Kultur der Nachfolge Christi gelebt wird.

Diese neue Kultur der Nachfolge Christi ist für bestehende Kulturen dann zwar wie ein fremdes Organ, das aber nicht zwangsweise abgestoßen werden muss. Kulturen haben auch eine Offenheit füreinander, sind sie doch Ausdruck des gleichen menschlichen Wesens. Auch hebt die Sozialform der christlichen Gemeinde als Volk Gottes die Zugehörigkeit zu dem eigenen Volk nicht auf. Nach Papst Benedikt XVI. zeigt sich gerade die Höhe einer Kultur „in ihrer Offenheit, in ihrer Fähigkeit, zu geben und zu empfangen, in ihrer Kraft, sich zu entwickeln, sich reinigen zu lassen und dadurch wahrheitsgemäßer, menschengemäßer zu werden".[27]

Wir brauchen eine theologische Neubesinnung auf den Stellenwert von Umkehr und Bekehrung gerade auch in einer multireligiösen Gesellschaft. Gewiss sind konversive Prozesse sensibel zu begleiten und erfordern ein hohes Maß an Einfühlungsvermögen, Respekt und Taktgefühl. Und sie bringen immer auch Irritation mit sich. Doch wird man darauf um der Glaubens- und Gewissensfreiheit willen bestehen müssen und sich für ihr Recht in dreifacher Weise einsetzen: der Freiheit, den eigenen Glauben zu leben, zu bezeugen und auch zu wechseln.

Ich schließe mit einer persönlichen Erfahrung: Ich bin in den letzten Monaten drei ehemaligen Muslimen begegnet, deren Weg zum christlichen Glauben die ganz persönliche, fast zufällige Begegnung mit „kleinen Erzählungen" der Evangelien war. Ein *Türke,* Student der islamischen Theologie und glühender Islamist, der durch ein einziges Jesuswort über die Heuchelei der Pharisäer seine eigene innere Zerrissenheit erkannte. Ein *Inder,* hoher Polizeibeamter beim Zoll mit allen Möglichkeiten der Korruption, der in einer konfiszierten Bibel vom Umgang Jesu mit den Zöll-

---

[27] *Joseph Kardinal Ratzinger:* Glaube – Wahrheit – Toleranz. Das Christentum und die Weltreligionen, Freiburg i. Br. 2003, 50.

nern liest. Ein *Iraner,* der in der Härte des islamistischen Systems in Christus Gottes Liebe fand. Keine dieser Konversionen geschah unter Druck
oder als religiöser Hausfriedensbruch, sondern wurde tief im Inneren als
Sehnsucht nach Wahrheit und Liebe geweckt und als Freiheit und Schönheit erfahren.

5. Summierende Thesen

a. Nicht die Wahrheitsansprüche der Religionen sind das Problem, sondern wie sie mit diesen Ansprüchen umgehen. Mission kann nur auf Freiheit hin geschehen, die Annahme, aber auch Ablehnung zulässt. Ohne die
Klärung einer gemeinsamen „Ethik der Mission" unter den Religionen
wird es keine friedliche Koexistenz und keinen friedlichen Wettstreit geben.

b. Unser Zeugnis lebt von der Muttersprache unseres Glaubens. Die eigene Gewissheit des Glaubens kann sich angstfrei auch der Gewissheit des
anderen aussetzen. Wir sprechen diese Muttersprache in Demut – nicht als
Besitzende, sondern als Ergriffene der Wahrheit in Christus.

c. Eine aus dem „Überfluss" Gottes gelebte Mission setzt weder sich
selbst noch andere unter Druck. Gerade in solcher Freiheit ist sie charmant
und offen. Ihr eigentlicher Ort ist der Alltag mit seinen ganzheitlichen Begegnungen, Gesprächen, Hilfeleistungen, Festen. Alltägliche Geschichten
der Evangelien verbinden sich mit unserem eigenen Alltag, wecken Sehnsucht, öffnen Horizonte und spiegeln „den Glanz" des Evangeliums wider.

d. Wir brauchen eine theologische Neubesinnung auf den Stellenwert
von Umkehr und Bekehrung gerade auch in einer multireligiösen Gesellschaft. Die Differenzerfahrung zwischen den Religionen schließt immer
auch die Möglichkeit der Konversion ein. Denn die Wahrnehmung dessen,
was andere glauben, denken und tun, kann zur Folge haben, dass ich in
dem, was ich bisher glaubte, dachte und tat, irritiert werde. Die Gemeinde
als Volk Gottes ist zwar unter den Völkern und Kulturen ein „fremdes Organ", doch haben Kulturen auch eine Offenheit füreinander, sind sie doch
Ausdruck des gleichen menschlichen Wesens. Die Glaubens- und Gewissensfreiheit schützt das dreifache Recht, den eigenen Glauben in Freiheit
zu leben, zu bezeugen und auch zu wechseln.

Mission als Dialog?[1]

Die christliche Sendung im Gespräch mit dem Islam

Anja Middelbeck-Varwick[2]

Lässt sich der Begriff der „Mission" mit dem „Dialog der Religionen" vereinbaren? So lautet die Frage, die es im Folgenden in Bezug auf das Gespräch mit muslimischen Gläubigen zu bedenken gilt. Die Frageform, in der die zu leistende Verhältnisbestimmung von Mission und Dialog mit Blick auf den Islam aufgenommen wird, indiziert Skepsis. Denn nicht nur der Begriff „Mission" ist höchst erklärungsbedürftig, sondern auch der Abstand, den er zu den Anliegen des Dialogs zu wahren hat, scheint klar bemessen: Interreligiöser Dialog ist zunächst etwas anderes als Mission. Welche Rolle aber spielt die christliche Botschaft im Dialog mit dem Islam? Hierzu acht Überlegungen.[3]

1. Der Begriff der „Mission" ist erklärungsbedürftig

Der Begriff „Mission" ist sowohl historisch belastet als auch *per se* ein theologisch vieldeutiger Begriff. Um ihn zu definieren, ist zunächst wichtig, zu bestimmen, was christliche Mission *nicht* meint.

[1] Vortrag auf dem Studientag „Missionsverständnis im Gespräch" der Arbeitsgemeinschaft Christlicher Kirchen in Deutschland (ACK) am 30. September 2015. Der Studientag war ein weiterer Baustein im Prozess „MissionRespekt", der aufgrund des Papiers „Das christliche Zeugnis in einer multireligiösen Welt" angestoßen wurde.

[2] Anja Middelbeck-Varwick ist Professorin für Systematische Theologie mit Schwerpunkt Theologie des interreligiösen Dialogs und christlich-muslimische Beziehungen an der Freien Universität Berlin. Die jüngste von ihr u. a. herausgegebene Publikation ist: Armut und Gerechtigkeit. Christliche und islamische Perspektiven, hg. von *Christian Ströbele, Anja Middelbeck-Varwick, Amir Dziri, Muna Tatari*, Regensburg 2016.

[3] Vgl. ausführlich hierzu: *Anja Middelbeck-Varwick:* Mission impossible? Die Sendung der Kirche im Zeitalter verdichteter Welt-Räume; in: *Christoph Böttigheimer* (Hg.): Glo-

Entschieden abzugrenzen ist der Terminus zunächst von jenen territorial ausgerichteten Missionen, die zum Zwecke der „Seelenrettung" eine macht- und gewaltvolle Expansion des Christentums betrieben.[4] Die Geschichte der Missionen und die vielgestaltigen Einsätze der Missionsgesellschaften lassen sich zwar gewiss nicht auf ihre Fehlentwicklungen reduzieren (wie z. B. auf ein „koloniales Projekt"), doch zweifelsohne gab es in ihrem Verlauf gewaltvolle Eroberungen, Zwangstaufen und kirchlichen Machtmissbrauch. Die dunklen Kapitel der christlichen Ausbreitungsgeschichte belasten den Begriff „Mission" und erschweren seine Weiterverwendung. Gleichzeitig stellen sie die Notwendigkeit eines kontextuellen Missionsbegriffs vor Augen: Es lässt sich nicht ahistorisch von „der" christlichen Mission sprechen, dies wäre ein ideologisches Konstrukt. Die christliche Mission vollzieht sich immer kontextgebunden.

Heute kann es der christlichen Mission nicht mehr darum gehen, eine quantitative Ausbreitung des Christentums zu intendieren, also alle Menschen zu Kirchenmitgliedern zu machen. Entscheidend ist allein die Expansion des „Reiches Gottes". Entsprechend kann Mission nicht zum Zwecke der gezielten Bekehrung Nichtgläubiger oder Andersgläubiger konzipiert werden, also aus manipulativen Werbemethoden bestehen oder massive Überredung anwenden. Dies bliebe eine Form der Gewalt und widerspräche zutiefst dem Anliegen christlicher „Verkündigung". Wäre das erste Anliegen der Mission, den Religionswechsel anderer Gläubiger bewirken zu wollen, so wäre das Evangelium entschieden missverstanden. Die Nachfolge Jesu setzt Freiheit und innere Zustimmung voraus. Das bedeutet: Mission schließt jedweden Zwang einschließlich jedweder Bekehrungsunternehmungen aus.

Dies gilt auch für Matthäus 28,19 f, den sogenannten „Taufbefehl". Der Basler Theologe Reinhold Bernhardt formuliert hierzu: „Problematisch

---

balität und Katholizität, Freiburg i. Br. 2015, 143–168; *Anja Middelbeck-Varwick:* Theologische Grundlagen des Dialogs aus christlicher Perspektive; in: *Mathias Rohe/Havva Engin/Mouhanad Korchide/Ömer Özsoy/Hansjörg Schmid* (Hg.): Handbuch Christentum und Islam in Deutschland. Grundlagen, Erfahrungen und Perspektiven des Zusammenlebens, Bd. 2, Freiburg i. Br. 2014, 1089–1114; *Anja Middelbeck-Varwick:* Zwischen Mission, Religionstheologie und globaler Herausforderung. Baustellen einer interreligiösen Christologie; in: *Markus Luber/Roman Beck/Simon Neubert* (Hg.): Christus und die Religionen. Standortbestimmung der Missionstheologie (Weltkirche und Mission 5), Regensburg 2015, 18–40.

[4] Vgl. weiterführend *Henning Wrogemann:* Ehrlichkeit und Selbstkritik. Zum Dialog von Muslimen und Christen über ihr Glaubenszeugnis in Geschichte und Gegenwart; in: *Anja Middelbeck-Varwick/Hansjörg Schmid/Ayşe Başol-Gürdal/Bülent Ucar* (Hg.): Zeugnis, Einladung, Bekehrung. Mission in Christentum und Islam, Regensburg 2011, 23–41; hier: 28.

ist Mission immer dann, wenn sie nicht primär vom geistlichen Interesse an der Verkündigung der Christusbotschaft – in Wort und Tat – geleitet ist, sondern im Eigeninteresse der christlichen Religion handelt. In Mt 28,19 heißt es aber nicht: ‚machet zu Christen', sondern ‚machet zu Jüngern'. Es geht nicht um die Ausbreitung der Kirche im institutionellen Sinne, sondern um den Ruf in die Christusnachfolge. Dieser Ruf geht nach Mt 28,19 f der Taufe und der Lehre voraus. Wer ihm folgt, wird auch die Taufe begehren und daraus wird dann auch die Besinnung auf den Inhalt der Gottesoffenbarung in Christus erwachsen. Das ist die Logik der Aussagen in diesen Versen."[5]

Der Begriff der Mission ist mit dem Gesagten keinesfalls obsolet. Zu klären ist allerdings weiter, in welchem Sinn er festgehalten werden soll.

2. Mission ist Grundcharakteristikum von Kirche

Papst Franziskus forderte 2013 in seinem vielbeachteten Apostolischen Schreiben *Evangelii gaudium:* „Versetzen wir uns in allen Regionen der Erde in einen ‚Zustand permanenter Mission'."[6] Der Papst rief damit alle Gläubigen zu einer missionarischen Neuausrichtung auf, ja zu einer „neuen Etappe der Evangelisierung". Die christliche Mission, das Gesandtsein, gilt Franziskus gleichsam als Grundbewegung christlicher Existenz, sich vollziehend in allen Bereichen persönlicher und gesellschaftlicher Begegnung. Die päpstliche Aufforderung lässt sich mit dem vom Zweiten Vatikanischen Konzil (1962–65) definierten Verständnis von Kirche verbinden. Hier heißt es im zweiten Artikel des Dekrets über die missionarische Tätigkeit der Kirche (*Ad gentes*): „Die pilgernde Kirche ist ihrer Natur nach missionarisch, da sie selbst aus der Sendung des Sohnes und der Sendung des Heiligen Geistes ihren Ursprung herleitet gemäß dem Ratschluss Gottes, des Vaters."[7] Mission wird hierbei nicht als eine von vielen Tätigkeiten der Kirche bestimmt, sondern die Kirche selbst ist als Gesandte unterwegs.

---

[5] *Reinhold Bernhardt:* Mission in einer multireligiösen Welt; in: Mission impossible? Im Spannungsfeld von Mission und interreligiösem Dialog, Bern 2008, 5–18, hier: 12.

[6] *Papst Franziskus:* Die Freude des Evangeliums. Das Apostolische Schreiben Evangelii gaudium über die Verkündigung des Evangeliums in der Welt von heute. Mit einer Einführung von Bernd Hagenkord SJ, Freiburg im Breisgau 2013, Nr. 25.

[7] Dekret über die missionarische Tätigkeit der Kirche *Ad gentes,* Artikel 2, zitiert nach der von *Peter Hünermann* herausgegebenen lat.-dt. Studienausgabe: Herders Theologischer Kommentar zum Zweiten Vatikanischen Konzil, Bd. 1, Freiburg i. Br. 2004, 459–531, hier 460.

Die missionarische Dimension der Kirche als ihren Grundcharakter einzutragen, eröffnete 1965 vor allem die Möglichkeit, die kirchliche Mission von den territorial ausgerichteten Missionen abzugrenzen – und trotz aller Kritik – am Begriff der Mission festzuhalten.

Die mit dem Konzil grundgelegten Vorstellungen wurden in der Folgezeit fortgeschrieben und erweitert: Insbesondere neue Weisen der Wahrnehmung und des Dialogs mit den begegnenden (außereuropäischen) Kulturen und Religionen wurden als notwendig erachtet. Gemeinsam mit dem Begriff der „Evangelisierung" wurde der Terminus der „Inkulturation" leitend.[8] Bereits das Konzilsdekret *Ad gentes* hatte die „Evangelisierung" als Ziel der missionarischen Tätigkeit bestimmt und damit primär die „Verkündigung der Botschaft Christi durch das Zeugnis des Lebens und das gesprochene Wort" gemeint. Diese habe durch Laien und Kleriker zu erfolgen, als „Grundpflicht des Gottesvolkes" (AG 35).

Zu den Fortschreibungen gehört auch, dass sich mit ihnen der Adressatenkreis kirchlicher Mission wandelt: Ging es in früheren Jahrzehnten primär um Menschen, die noch nicht zum Glauben an Christus gekommen waren, so treten nun die Nicht-mehr-Glaubenden und Agnostiker hinzu. Verändert hat sich auch der Status der Andersgläubigen: Galten sie in früheren Zeiten als „zu Bekehrende", so sieht sich Kirche heute im Dialog mit Menschen aus anderen Religionen, so dass aus den Andersgläubigen mitunter „andere Gläubige" werden.

In Bezug auf den Islam hatte das Konzil in Artikel 3 der „Erklärung über das Verhältnis der Kirche zu den nichtchristlichen Religionen (*Nostra aetate*)" eine grundlegend neue Sicht formuliert. Leitmotivisch für diese kann der erste Satz dieses Artikels gelten: „Mit Wertschätzung betrachtet die Kirche auch die Muslime, die den einzigen Gott anbeten, den lebendigen und in sich seienden, barmherzigen und allmächtigen, den Schöpfer Himmels und der Erde, der die Menschen angesprochen hat ...".[9] Artikel 3, der insgesamt mit sehr großer Wertschätzung vom Glauben der Musliminnen und Muslime spricht und das Gemeinsame unterstreicht, konnte in den Jahrzehnten nach dem Konzil zur Magna Charta des katholisch-muslimischen Dialogs werden. Zugleich bleibt die eingangs skizzierte Bestimmung von Mission auch in Bezug auf den Islam in Geltung: Nicht als Zusatzfunktion kirchlicher Praxis, sondern als ihre Grundbewegung ist die

---

[8] Vgl. *Michael Sievernich:* Die christliche Mission. Geschichte und Gegenwart, Darmstadt 2009, 148–150.

[9] Artikel 3 der Erklärung über die Haltung der Kirche zu den nichtchristlichen Religionen (*Nostra aetate*), zitiert nach: HThK Vat. II, Bd. 1 (Dokumente), 358.

Kirche missionarisch. Sie bezeugt allen Menschen die liebende Zuwendung des einen Gottes, der „universale Heilswille Gottes" schließt auch die Muslime ein, wie das Konzil explizit betont hatte.[10]

3. Mission ist Bezeugung christlichen Glaubens in Wort und Tat

Sowohl „die Mission" als auch „die Kirche" vollziehen sich durch Lebensgeschichten von Menschen. Während der Begriff der Mission stärker vom Gedanken der Sendung geprägt ist, fokussiert der Begriff „Zeugnis" mehr den persönlichen Einsatz aus christlicher Überzeugung. Zeugnis geben von etwas oder Zeugin sein für etwas – dies kann nur dann geschehen, wenn eine eigene, existentielle Glaubenserfahrung vorausgeht und grundlegende Bedeutung für jemanden besitzt: Zeugnis geben kann nur, wer sein Innerstes immer wieder in Gott festzumachen weiß, Gottes Zusage vertraut und sich wandeln lässt. Nur wenn der Glaube an Jesus Christus einen Menschen wesentlich in seinem Denken, Fühlen und Handeln bestimmt, kann dies überzeugend wirken. Nur wenn dieser Glaube zur sinnstiftenden Dimension des Eigenen geworden ist, wird er zeichenhaft über sich hinaus weisen. Das Bezeugen des christlichen Glaubens bedeutet stets mehr als die Pflege individueller Frömmigkeit. Ein Glaube, der dem Leben Sinn und Richtung verleiht, wird nicht durch zu lehrende und zu verkündigende Satzwahrheiten konkret, wohl aber durch gute Worte und gute Taten, durch Lebensweisen der Nächstenliebe. Entsprechend kann das Evangelium nur von jeweiligen Menschen in jeweiligen Situationen bezeugt werden, mal implizit, mal explizit. Wenngleich also die christliche Sendung „eine" ist, so vollzieht sich die Zeugnisgabe notwendig divers. Mission als Bezeugung des christlichen Glaubens meint dann nichts anderes als überzeugende Christusnachfolge:[11] In mitmenschlicher Solidarität, in der Aufnahme von „Fremden", im Widerspruch gegen Unrecht, im Einsatz gegen Armut, Leid, Einsamkeit und Unterdrückung kann Gott erfahren werden.

An Jesus Christus zu glauben bedeutet, zu zeigen, dass Gott sich zu-

---

[10] Vgl. hierzu Artikel 16 der Dogmatischen Konstitution über die Kirche (*Lumen gentium*).

[11] Auch in diesem Zusammenhang sei ein Zitat von Reinhold Bernhardt angefügt: „Mission besteht daher nicht darin, Absolutheitsansprüche für den eigenen Glauben zu erheben und andere zur Umkehr aufzufordern, sondern sich selbst immer neu zu Gott zu bekehren und dadurch anderen Menschen Zeugnis des gelebten Gottesglaubens zu geben. Wirkung und ‚Erfolg' der Christusnachfolge in der Welt liegen in der Hand Gottes und können getrost seinem unverfügbaren Wirken überlassen werden." (Vgl. *Bernhardt, Mission*, 14).

wendet, dass er Mensch geworden ist und seine Liebe ausbreiten will. Wenn die Kirche als Glaubensgemeinschaft für Humanität einsteht, ist sie missionarisch: Sie wird dann ihrer Verantwortung „in der Welt" gerecht, wenn sie betend und handelnd eine Gemeinschaft der Nächstenliebe ausformt. Entsprechend braucht die christliche Mission, verstanden als „Tätigkeit an der Menschwerdung von Menschen" (Hans-Joachim Sander), keine fernen Orte oder andersgläubigen Menschen aufsuchen. Die Orte der Mission sind all jene, an denen sich das menschliche Antlitz Gottes zeigt.

4. Mission vollzieht sich in Kommunikation und Kontext

Die neu in den Blick gekommene Polyzentrik bzw. Polykulturalität des Christentums hat auch das Nachdenken über die Bedeutung der Mission verändert, z. B. insofern diese nicht mehr eurozentrisch, linear oder territorial ausgerichtet gedacht wird. Gleichwohl bleibt es für die Kirche essentiell, an „ihren" Orten Zeugnis von der Menschwerdung Gottes zu geben: Angesichts der Komplexität und der Gegenläufigkeiten globaler Erfahrungsräume bedarf es hierzu permanenter Vermittlungsprozesse und Übersetzungen. Dialog und Kommunikation sind tragende Dimensionen der Mission. Grundlegend für die Verständigungsprozesse ist die Einsicht, dass mit der Unverfügbarkeit der Glaubenswahrheit notwendig die Relativität der eigenen Aussagen einhergeht. Glaube kann nur in partikularen Weisen angenommen werden und Ausdruck finden, er ist kein Besitzstand, sondern bleibt Geschenk Gottes. Das Christentum ist in diesen Prozessen nicht an bestimmte politische, sprachliche oder kulturelle Konstellation gebunden, „sondern im Hinblick auf dessen universale heilbringende Sendung und kulturelle Übersetzbarkeit im Prinzip offen für die Vielfalt der Welt".[12]

Christliche Identität wird sich nicht an einem Punkt fixieren lassen. Jedes Christusbekenntnis ist orts-, zeit- und kontextgebunden. Dies gilt entsprechend für die Konkretisierungen der christlichen Sendung.

Trotz des Wissens um die eigene Partikularität (und auch angesichts fragmentierter Realitäten) wird die Gemeinschaft der Christinnen und Christen versuchen, ihrer globalen politischen Verantwortung (z. B. für den Frieden, gegen Hungersnöte, für den Schutz der Natur usw.) gerecht zu werden und sich in die Weltöffentlichkeit hinein vermitteln. Hierbei können und müssen die Religionsgemeinschaften nach Kräften zusammenwir-

---

[12] *Norbert Hintersteiner:* „Found in Translation". Von der Weltmission zum interreligiösen Zeugnis. Zukunftsperspektiven der Missionswissenschaft; in: Concilium 47 (2011), 70–79, hier: 77.

ken. Für Christinnen und Christen in der Nachfolge Jesu wird dies bedeuten, eine dialogische Praxis der interreligiösen Beziehungen zu verwirklichen.

5. Dialog ist Teil der christlichen Sendung

Der Dialog von Gläubigen mit anderen Gläubigen ist in sich wertvoll und Teil der christlichen Sendung. Um auf die Eingangsfragen einzugehen: Der Dialog ist kein zusätzliches Instrument, das strategisch zu einem ganz anderen „heimlichen" Ziel, wie dem der Bekehrung, eingesetzt wird. Die Sendung bedarf des Dialogs, weil die von Christinnen und Christen geglaubte Wahrheit nie absolut verfügbar ist, sondern immer nur relational ausgesagt werden kann.

Dies gilt schon innerhalb des Christentums: Tradierte Gewissheiten können fragwürdig werden und bedürfen je neuer Verstehensweisen. Sie bedürfen jeweiliger Begründungen, nicht nur, damit sie in ihrer Gültigkeit eingesehen werden können, sondern vielmehr, damit das Bekenntnis Gottes, das Bezeugen Jesu Christi und damit die *traditio* des Glaubens gelingt. Der stete Transfer des Glaubenswissens im Prozess der Glaubensannahme und Glaubensweitergabe sowie die Sprachfähigkeit der kirchlichen Sendung sind für den Bestand und die Lebendigkeit der Kirche elementar. Verkündigung im Modus des Dialogs über den Glaubensinhalt und das Kommunizieren des Christusereignisses haben daher entschieden an Bedeutung gewonnen. Die innerchristlichen Gespräche können hier von den Einsichten aus den interreligiösen Gesprächen lernen, dass die eigene Perspektivität, konfessionelle Verwurzelung im Glauben, die jeweilige Färbung des Christusbekenntnisses notwendig einzubringen ist. Oder, wie Walter Kasper schreibt: „Die Wahrheitsfindung in der Kirche muss dialogisch geschehen. Als Dialogsakrament Gottes mit der Welt ist die Kirche in sich selbst dialogisch verfasst. Anders ist Wahrheit heute nicht rezeptions- und konsensfähig."[13]

In Bezug auf die andere Religion heißt das gerade nicht, dass der Anspruch auf die „Wahrheit" des christlichen Glaubens aufgegeben wird. Dialog setzt eine Standortgebundenheit immer voraus. Doch das Wissen darum, dass in keiner Religion die Wahrheit „absolut" verfügbar ist, mahnt zur Bescheidenheit, zur gemeinsamen Suche nach Erkenntnis, Innerlichkeit, Weisheit.

---

[13] *Walter Kasper:* Theologie und Kirche (I), Mainz 1987, 168.

Wenngleich Christinnen und Christen Jesus Christus als den Weg, die Wahrheit und das Leben bezeugen und davon überzeugt sind, dass sein Geschick für alle Menschen absolute Bedeutung hat, müssen sie doch auch für sich selbst Wege finden, mit der begegnenden religiösen Pluralität umzugehen. Andere religiöse Wahrheitsansprüche können für Christinnen und Christen hierbei nicht gleichermaßen in Geltung stehen, sondern nur in den eigenen Verstehens- und Glaubenshorizont eingeordnet werden. Sinnvoll geschieht dies in einer lernbereiten, offenen Haltung einerseits, in abgrenzenden Bestimmungen andererseits. Die eigene Perspektive, in die das „Andere" eingeholt wird, ist hierbei unhintergehbar.[14]

6. Der Dialog von Christen und Muslimen erfolgt „auf Augenhöhe"

Das bisher Ausgeführte schließt ein, von einer rechthaberisch behaupteten oder auch nur still postulierten Überlegenheit des eigenen Glaubens auch im Gespräch mit Musliminnen und Muslimen Abstand zu nehmen. Dialog muss, soll er ernsthaft geführt werden, „auf Augenhöhe" erfolgen. Dies meint, dass alle am Dialog Beteiligten gleichberechtigt an diesem teilnehmen. Ein „Dialog auf Augenhöhe" schließt ein, dass auch Christinnen und Christen damit rechnen, dass Muslime und Musliminnen ihnen etwas zu sagen haben. Dies ist offenbar keine Selbstverständlichkeit.

Bis in die Gegenwart bleiben christlich-theologische Beurteilungen des islamischen Glaubens bisweilen schwierig, problematisch oder denkbar ambivalent. Seit dem Aufkommen des Islam fühlt sich der christliche Glaube zur Apologie herausgefordert, weil mit dem muslimischen Anspruch, der Koran sei die letztgültige Offenbarung Gottes, die vertraute Heilsgeschichte gesprengt wird. Im Mittelpunkt der gleichsam von Konkurrenz und Verwandtschaft geprägten Kontroversen steht von Beginn an die Frage nach dem Offenbarungsverständnis: Wie ist die universale Geltung der Offenbarung in Jesus Christus angesichts des islamischen Glaubens zu behaupten?[15] Die maßgeblich erst im 20. Jahrhundert einsetzenden Dialogbemühungen der christlichen Kirchen bleiben auf die spannungsvolle Offenbarungsfrage zentriert: Zur Diskussion stehen in diesem Zusammen-

---

[14] Ich folge hier dem von Reinhold Bernhardt vertretenen religionstheologischen Modell des „mutualen Inklusivismus". Dieses folgt der hermeneutischen Einsicht, dass Verstehen immer bedeutet, das zu Verstehende in den eigenen Referenzrahmen einzubinden, also in das von der eigenen Tradition geprägte Vorverständnis. Jede religionstheologische Aussage ist standortgebunden und muss sich hierüber im Klaren sein. Vgl. zum Ansatz: *Reinhold Bernhardt*: Ende des Dialogs?, Zürich 2006, 206–246.

hang insbesondere das Gottes- und Schriftverständnis und damit die Frage, ob es derselbe Gott ist, den Christen und Muslime bekennen.

Doch haben sich im Zusammenhang mit einer gewandelten Dialoghermeneutik, die nicht mehr allein nach universalen Wahrheits- und Geltungsansprüchen fragt, sondern vielmehr wechselseitiges Verstehen befördern will, auch die Verständigungsinteressen verändert. Der Dialog mit dem islamischen Glaubensverständnis ist zu einem wichtigen Lernort christlicher Dogmatik geworden.

Zu einem „Dialog auf Augenhöhe" gehört nicht zuletzt ein Sachwissen: Christliche Theologie bedarf heute einer sorgfältigen Kenntnis der islamischen Gotteslehre, insbesondere ihres Fundaments, des Korans. Wer sich kein Urteil über die Glaubensschrift der Muslime gemacht hat, ist für einen sachgerechten, redlichen Dialog nicht qualifiziert. Umgekehrt ist zu wünschen, dass Muslime die christliche Gotteslehre (insbesondere Aussagen zur Trinität, Christologie und Soteriologie) nicht allein anhand der koranischen Vorgaben bewerten, sondern das biblische und dogmatische Selbstverständnis heutiger Christen zugrunde legen. Gewiss hat die christliche Theologie der islamischen Koranexegese deutlich dort zu widersprechen, wo sie selbst missverstanden wird. Doch sollte eine berechtigte Apologetik des Eigenen den Blick für die Glaubensintentionen der anderen nicht völlig verstellen. Allzu schnell könnte das Verharren bei koranischen Fehlinterpretationen ausblenden, was an „Wahrem" und „Heiligem" im Koran zu finden ist und mehr noch, was sein ganz *eigenes* Anliegen ist. Denn wenn auch die Christologie gegenüber dem Koran zu behaupten ist, so lohnt es doch, die durchweg positive islamische „Jesulogie" des Korans zunächst einmal wahrzunehmen. Die koranischen Verse über „Jesus, den Sohn der Maria" sind keinesfalls ausschließlich abgrenzend zu lesen oder nur im Prozess der Ausformung der eigenen muslimischen Identität zu verstehen, sondern sie stellen eine muslimische Deutung Jesu dar, bei der Jesus als islamischem Propheten höchste Wertschätzung zukommt.[16]

Ein Dialog „auf Augenhöhe" beachtet das Selbstverständnis der begegnenden Religion. Eine christliche Perspektive auf den Koran sollte sich entsprechend grundlegend bewusst machen, auf welche Weise sie die Suren versteht. Auch weiterhin ist hierbei der Streit um die Differenzen im Offenbarungsverständnis erforderlich und von großem Wert, um dem Eigensinn beider Religionen überhaupt gerecht zu werden. Doch sollte sein

---

[15]   Vgl. *Hans Zirker:* Christentum und Islam, Düsseldorf ²1992, 55–92.
[16]   Vgl. weiterführend *Angelika Neuwirth:* Der Koran, Berlin 2010, 472–498 und *Friedmann Eißler:* Jesus und Maria im Islam; in: *Christfried Böttrich/Beate Ego/Friedmann Eißler:* Jesus und Maria in Judentum, Christentum und Islam, Göttingen 2009, 120–205.

Grundton geprägt sein von dem Wissen um das unverfügbare Geheimnis des stets größeren Gottes und eine gemeinsame, freundschaftliche Gottsuche intendieren. Gute Gründe für eine dogmatische Ausgrenzung des Islams mag es gegeben haben, mindestens aber die für seine theologische Geringschätzung gilt es heute zu überwinden.

7. Im Dialog sind „das Mitteilen des Eigenen" und „das Verstehen des Anderen" gleich wichtig

Wenn im Dialog von Christen und Muslimen heute verstärkt über angemessene Kriterien interreligiöser Bezugnahmen nachgedacht wird, also darüber, wie und nach welchen Maßstäben die Aussagen und Phänomene der anderen Religion bewertet werden können, so ist dies Ergebnis eines längeren Prozesses religionstheologischer Reflexionen. Im Rahmen seines religionstheologischen Ansatzes unterstreicht Reinhold Bernhardt vor allem die Bedeutung der Gegenseitigkeit interreligiösen Verstehens, worin ihm zu folgen ist. Grundlegend gilt: Das „Mitteilen des Eigenen" und das „Verstehen des Anderen" sind für den Dialog gleichermaßen bedeutsam.[17]

In Bezug auf das „Verstehen des Anderen" geht es Bernhardt hierbei um die Begegnung verschiedener „Innenperspektiven". Zum christlichen Glauben selbst gehört es, so legt er dar, dass er über sich hinausgeht: Christlicher Glaube ist exzentrisch und besteht nicht nur in sich selbst. Entsprechend muss auch der Identität einer anderen Religion Raum gegeben werden, also der Versuch unternommen werden, die Innenperspektive der begegnenden Religion zu verstehen. Verstehen bedeutet für Bernhardt nicht nur ein intellektuelles Wissen, das gewonnen werden kann, sondern umfasst vielmehr ein sich Hineinversetzen in den Anderen, eine empathische Haltung, die es vermag, sich in die andere Glaubensweise einzufühlen bzw. ernsthaft bemüht ist, sich auf die andere Sicht einzulassen.

Zugleich werden die eigenen Überzeugungen, Glaubensinhalte und Gewissheitsgrundlagen in den Dialog eingebracht, das „Mitteilen des Eigenen" besitzt dasselbe Gewicht wie das Verstehenwollen des Anderen.[18] Bernhardt formuliert diesbezüglich: „Den Anderen verstehen und die eigenen Glaubensüberzeugungen einschließlich der sich aus ihnen ergebenden Urteilsbildung unverkürzt einzubringen – beides macht einen authentischen interreligiösen Dialog – seinen Reiz und seine Spannung – aus. Dia-

---

[17] *Bernhardt,* Ende des Dialogs?, 92.
[18] Vgl. ebd., 93.

log vollzieht sich also in der dynamischen Balance zwischen zwei Haltungen, die jeder der Dialogpartner wechselseitig einnimmt, die in ihm selbst in einer dialogischen Beziehung zueinander stehen und innere Dialoge provozieren: der empathischen Haltung des verstehen-wollenden Einfühlens in den Anderen und der (im weiten und wertfreien Sinne) konfessorischen Haltung, in der eine Bezeugung der eigenen Gewissheitsgrundlagen stattfindet."[19] Durch das Hineinbegeben in die religiöse Überzeugung der begegnenden Anderen, sollen diese möglichst so verstanden werden, wie sie sich selbst verstehen. Dazu gehöre die Bereitschaft sich verändern lassen zu wollen, so dass der eigene Glaube – in kritischer Distanz oder durch die bereichernden Erfahrungen – an Gestalt gewinnt.

Das Prinzip der Gegenseitigkeit klammert die Wahrheitsfrage keinesfalls aus, ordnet sie den Prozessen des Dialogs aber deutlich nach. Bernhardt plädiert diesbezüglich für eine sachgemäße Relativierung religiöser Wahrheitsansprüche: Ziel des Dialogs „kann und darf nicht sein, die Konkurrenz der begegnenden Wahrheitsansprüche zu entscheiden oder sogar einen Konsens zu finden. Ziel ist die Vertiefung der je eigenen Gewissheitsinhalte in der Auseinandersetzung mit herausfordernden Alternativen".[20] Es lohnte ein vertieftes Nachdenken darüber, ob und inwiefern mit dem „Mitteilen des Eigenen" im Sinne Bernhardts auch schon das getroffen ist, was „Mission" meint. Fest steht: Auch im Rahmen des skizzierten „wechselseitigen Inklusivismus" kann für eine christliche Perspektive kein anderer Maßstab zur interreligiösen Relationierung gewählt werden als das Christusereignis. An dieser Stelle seien die bisherigen Überlegungen abschließend noch einmal auf den Islam bezogen formuliert.

8. Der Islam ist zugleich Ziel der Verkündigung und Lernort des Glaubens, der in Christus gründet

Christinnen und Christen dürfen und müssen erfahrbar werden lassen, dass allen Menschen die Zuwendung Gottes gilt bzw. dass sie immer schon in dieser Zuwendung leben. Dies ist ihre Mission. Das Geschenk der Menschwerdung Gottes, seine Selbstmitteilung als Liebe beschränkt sich nicht auf das Christentum. Die Verkündigung hat nur im Modus der „Einladung zum Glauben" im Dialog der Religionen ihren Platz: Nur im Werben um freie Zustimmung zur Botschaft Jesu Christi bedeutet Dialog dann auch Sendung, eine Mission, die lernoffen für das ist, was ihr begegnet.

[19] Ebd., 92–93.
[20] Ebd., 102.

Der Dialog mit „dem" Islam kann dazu beitragen, dass Christinnen und Christen zu einer angemessenen Sprache finden, wenn sie ihren Glauben an die Selbstoffenbarung Gottes in Jesus Christus darlegen. Doch verlangt der Dialog mehr als das Auffinden neuer Sprachformen für den eigenen Glauben; der Erhalt der eigenen Sprachfähigkeit ist eher ein höchst erfreuliches Nebenprodukt des Dialogs. Die geforderte kritische Vergewisserung geht jedoch über die sprachliche Revision des Eigenen hinaus: Die Verkündigung der Bedeutung von Leben, Tod und Auferstehung Jesu Christi muss sich den begegnenden Glaubensformen und Inhalten konsequent aussetzen, das heißt, sie muss sich ob ihrer geglaubten Eindeutigkeit von Musliminnen und Muslimen streng befragen lassen. Dialog als Lernort des Glaubens erfordert auch die Fähigkeit, anderen gewissenhaft Zuhören zu können. Dies schließt auch die Bereitschaft ein, die eigenen tradierten Glaubensweisen unter Umständen einer radikalen Re-Vision mittels der Perspektive der Anderen zu unterziehen, sie zu transformieren. Diese möglicherweise erforderlichen, veränderten eigenen Weisen, den Glauben zu bestimmen, sind notwendige Fortschreibungen, um Jesus Christus im Kontext der muslimischen Rückfragen sinnvoll und glaubwürdig bezeugen zu können.

In diesem Sinn ist der Islam zugleich das Ziel der Verkündigung und der Lernort des Glaubens, der in Christus gründet.

„Wer wird ein Zeuge sein für meinen Herrn?"

Zeugnis geben als ein ekklesiologisches und missiologisches Paradigma

Andrew Suderman[1]

Ein bekanntes afro-amerikanisches Spiritual aus der Zeit der Sklaverei im Süden der USA stellt die schmerzliche Frage: „Wer wird ein Zeuge sein für meinen Herrn?" Selbst diejenigen, die in einer sehr untergeordneten gesellschaftlichen Stellung festgehalten wurden, waren fest überzeugt, für Jesus Christus Zeugnis ablegen zu können; sie konnten und wollten Jesus Christus mit ihren Mündern und ihren Körpern bezeugen. Dieses Zeugnis durch mündliche Verkündigung und Opfer des Leibes während der Zeit der Sklaverei in den USA zeigt Ähnlichkeit mit den Erfahrungen der Alten Kirche. „Zeuge" sein oder „Zeugnis geben" wurde in den Zeiten der Alten Kirche gleichbedeutend mit „das Martyrium erleiden". Es war kein Zufall, dass sich das Wort μαρτύς (martys) – Zeuge – auch zur Bezeichnung für denjenigen entwickelte, der für den Glauben den gewaltsamen Tod erduldete. Märtyrertum wurde eine Form des Zeugnisgebens.

In der Apostelgeschichte sehen wir, wie sich diese Verbindung zwischen Zeugnis und Märtyrertod entwickelt. Die Apostelgeschichte erzählt von dem ersten Jünger, der den Märtyrertod erlitt – Stephanus. Und viele folgten ihm. Die Voraussage in Lukas 6,40, der Jünger sei wie sein Meister, erfüllt sich in der Apostelgeschichte, wo die Jünger, wie ihr Meister, „handeln und leiden für die Wahrheit Christi, so wie Christus selbst gehandelt und gelitten hat".[2]

---

[1] Andrew Suderman ist Direktor des Mennonitischen (*Anabaptistischen*) Netzwerks in Südafrika (ANiSA) und Doktorand an der School of Religion, Classics and Philosophy, Universität von Kwazulu-Natal. Auf der Vollversammlung der Mennonitischen Weltkonferenz im Juli 2015 wurde er zum Sekretär der Friedenskommission ernannt.
[2] *William H. Willimon:* Acts, Louisville, KY, 2010, 14.

Aber dieses Märtyrertum – dieses Leben in der Nachfolge Jesu, das die Konsequenzen eines solchen Lebens auf sich nimmt – ist mehr als nur ein hilfloses Opfer derjenigen, die Jesus bezeugen. Die Nachfolger Jesu verkörpern vielmehr dadurch die alternative politische Agenda und die andere Form der Macht, die Jesus durch sein Leben gezeigt hat.

In diesem Aufsatz versuche ich zu zeigen, wie Jesu Verheißung in Apostelgeschichte 1,4–8 – die Verheißung der Zeugenschaft für Jesus Christus – die Grundlage sein kann für eine alternative Ekklesiologie, deren notwendige missiologische Implikationen ein auf dem Konzept „Christentum" basierendes Paradigma in Frage stellen, das die christliche Kirche so lange in ihrer Geschichte beherrschte. Jesu Verheißung verweist auf eine andere Art von Macht, die die Grundlage dieses alternativen Paradigmas bildet: eine Form von Macht, die sich in der Nachfolge verkörpert; eine Form von Macht, die sich wesentlich von der des Römischen Reiches unterscheidet. Die Kirche *nach* Konstantin aber übernahm jenes imperiale Verständnis von Macht weitgehend. Die von Jesus verheißene alternative Form von Macht aber – ich würde hier von einem umgekehrten Machtverständnis sprechen – empfangen die Jünger durch den Heiligen Geist. Diese Form von Macht ermöglicht es der Kirche auch, auf die allzu offensichtliche gesellschaftliche Realität von Gewalt, Unterdrückung, Armut und Ungleichheit – ein gemeinsames Erbe auch des Kolonialismus – auf eine Weise zu antworten, die Züge des Reiches Gottes trägt, die sie zugleich verkörpert: Frieden, Gerechtigkeit und Versöhnung.

Das „Christentum"-Paradigma

Das Jahr 312 n. Chr. war ein entscheidendes für die Kirche, denn es entwickelte sich eine neue Beziehung zwischen ihr und dem Römischen Reich. Es markierte zugleich das Ende der Christenverfolgungen. Das christliche Bekenntnis wurde nun nicht nur toleriert, sondern entwickelte sich zur Staatsreligion im Römischen Reich (386 n. Chr.). Diese Wende war der Ursprung dessen, was später „Christentum" genannt wurde – die enge Beziehung zwischen Kirche und Reich (bzw. später dann zwischen Kirche und Staat), ihre Zusammenarbeit bei der Gestaltung einer „christlichen" Gesellschaft. Die Interessen der Kirche wurden zu Interessen des Reiches, und die Interessen des Reiches waren aufs Engste mit denen der Kirche verbunden.

Die Kirche begrüßte diese neuen Verhältnisse; eine Hoffnung hatte sich erfüllt – die Zeit des Leidens und des Sterbens für den Glauben war zu Ende. Man kann der Kirche kaum einen Vorwurf machen, dass sie diesen

Wandel begrüßte. Die Christen dieser Zeit glaubten, dass mit Konstantin und seinen Bestrebungen zur Legalisierung des christlichen Glaubens ihre Gebete erhört worden waren. Eusebius z. B. konnte kaum Worte finden, um diesen neuen christlichen Kaiser zu preisen, nannte ihn „fast einen weiteren Christus", „den einzig wahren Philosophen" und „ein Gefäß des göttlichen Logos". Konstantin selbst sah sich in ähnlichem Licht – er betrachtete sich als 13. Jünger und Bischof der Bischöfe[3] – ein von Gott ordinierter Bischof, mit dem Auftrag alles im Blick zu behalten, was außerhalb der Kirche geschieht.

Im Zuge der Entwicklung dieser neuen Beziehung zwischen Kirche und Reich formte sich auch der gedankliche Bezugsrahmen hinsichtlich der Rolle und Funktion von Kirche und Reich, auf deren Grundlage sich das „Christentum" herausbildete. Harry Huebner beschreibt einige der Folgen aus dieser Konversion des Römischen Reiches zum Christentum.[4]

Es kam erstens zur Unterscheidung zwischen der „sichtbaren" und der „unsichtbaren" Kirche. Vor Konstantin war die Kirche ein sichtbares Gebilde, ein öffentlich sichtbares, gesellschaftliches Gegenmodell. Nach Konstantin galt die wahre Kirche im Sinne einer Gemeinschaft der wahrhaft Gläubigen nicht mehr als sichtbar. Die „wahre" Kirche war nun im Inneren, in den Herzen der Männer und Frauen, und nur Gott allein konnte sie sehen.[5]

Zum Zweiten kam es zur Trennung zwischen dem gesellschaftlichen und dem spirituellen Bereich. Während für die ersten Christen die Kirche selbst eine politische Funktion hatte, weil sie sich mit Fragen der Wirtschaft, Regierung, Macht und mit ihren Feinden auseinandersetzte, führte

---

[3]   *John Howard Yoder/Theodore J. Koontz/Andy Alexis-Baker:* Christian Attitudes to War, Peace, and Revolution, Grand Rapids, MI, 2009, 58.

[4]   Vgl. *Harry J. Huebner:* An Introduction to Christian Ethics: History, Movements, People, Waco, TX, 2012, 61. Obwohl Huebners jüngstes Buch im Titel das Wort „Einführung" trägt, ist es nichtsdestotrotz ein Werk von wissenschaftlicher Stringenz, Zuverlässigkeit und umfassender historischer Weite. Es genügt, einen Blick hineinzuwerfen, um zu erkennen, dass man es hier nicht mit einer gewöhnlichen „Einführung" zu tun hat. Huebner gibt eine hervorragende Darstellung der Entwicklung in der Zeit der „konstantinischen Wende".

[5]   Vgl. *Huebner,* An Introduction, 2012, 61. Siehe auch *John Howard Yoder:* The Priestly Kingdom: Social Ethics as Gospel, Notre Dame, Indiana, 1984, 136. Wie Yoder anmerkt, befand sich die Kirche vor der konstantinischen Wende in der Minderheit, während nach der Wende nun das ganze Römische Reich christlich war. Aber die „wahre Kirche", so meinte man, war immer noch in der Minderheit, sie war nun einfach verborgen und unsichtbar. Augustinus, auf den das Konzept der *ecclesia invisibilis* hauptsächlich zurückgeht, glaubte, dass etwa fünf Prozent der sichtbaren Kirche nach Konstantin zur wahren Kirche zu rechnen sei.

das neue Verhältnis zwischen Kirche und Römischem Reich nun zu einer Arbeitsteilung – die Kirche befasste sich mit dem Geist und dem Individuum, das Reich aber mit dem Körper und der Politik.[6]
Drittens führte diese ekklesiologische Neuausrichtung zu einem veränderten Verständnis der Art und Weise, in der Gott die Welt regiert. Statt durch die ihm treue Kirche im vorkonstantinischen Verständnis wirkte Gott nun durch den Kaiser. Die Rolle der religiösen Funktionsträger beschränkte sich jetzt auf den geistlichen Beistand der Führungsverantwortlichen und deren Beratung bei gesellschaftlich relevanten Entscheidungen. Indem die Kirche akzeptierte, innerhalb der Machtstrukturen des Kaiserreiches zu agieren, wurde sie irrelevant, wenn es um Entscheidungen ging, die den Lauf der Welt bestimmten. Sie spielte keine direkte Rolle mehr in politischen Prozessen, die das Kaiserreich hätten herausfordern können. Ihre „politische" Funktion wurde durch eine rein „religiöse" ersetzt.[7]

Charles Villa-Vicencio merkt an:

> Die Einladung von Kaiser Konstantin im Jahr 312 n. Chr. an die bis dahin verfolgte und von jedem direkten politischen Einfluss fern gehaltene Kirche, *innerhalb* der Machtstrukturen des Staates zu agieren, führte zu der Kapitulation der Kirche vor den kaiserlichen Forderungen. Man sagt, Konstantin habe „durch Freundlichkeit" das erreicht, „was seine Vorgänger nicht mit Gewalt erreichen konnten".[8]

Viertens bildete sich die Unterscheidung zwischen dem „religiösen Stand" und dem „Laienstand" heraus. Soweit man von der sichtbaren Kirche sprechen konnte, wurde sie von der Kirchenhierarchie repräsentiert. Dieser Dualismus hatte eine unterschiedliche Ethik im Blick auf die „Religiösen" und die „Laien" zur Folge. John Howard Yoder merkt an, dass „die Definition des Glaubens nicht länger die Versammlung der Gläubigen zur Grundlage hatte. Das Resultat war, dass diejenigen, die die Kirche sehen wollten, auf den Klerus schauen mussten, insbesondere das Bischofsamt, und nunmehr ‚die Kirche' eher die Hierarchie als das Volk bedeutete".[9] Huebner weist darauf hin, dass dieser Dualismus in gewisser Weise einen

---

[6] Vgl. *Huebner,* An Introduction, 61.

[7] Ebd.

[8] Es sei hier angemerkt, dass, obwohl ich versuche, die Begriffe „Reich" und „Staat" streng geschichtlich auseinanderzuhalten, um jeden Anachronismus zu vermeiden, doch manche von mir zitierten Autoren, wie Villa-Vicencio, „Staat" als Synonym für „Reich" benutzen. Beide Begriffe beziehen sich gleichermaßen auf die herrschende Macht der angesprochenen Epoche. Vgl. *Charles Villa-Vicencio:* A Theology of Reconstruction: Nation-Building and Human Rights, Cape Town, South Africa, 1992.

[9] *Yoder,* The Priestly Kingdom, 131.

inneren Widerspruch der „konstantinischen Synthese" widerspiegelt, „nach der jede und jeder ein Christ von Gesetzes wegen ist, dies aber gleichzeitig besagt, dass nicht jeder Christ aus Überzeugung ist".[10] Das Kaiserreich gewährte dem Klerus aufgrund seiner Verdienste gewisse Vergünstigungen. Eusebius z. B. erwähnt, dass der „Klerus ‚von allen öffentlichen Pflichten ausgenommen ist, damit er nicht aufgrund irgendeines Fehlers oder einer sträflichen Nachlässigkeit seinen Dienst an Gott vernachlässigt, sondern sich ganz ohne Ablenkung seinen Pflichten widmen kann. Denn durch seine Hingabe an Gott erwächst dem Staat der größte Nutzen'".[11]

Und schließlich Fünftens: Als schließlich das Christentum das ganze Reich umfasst, werden andere Richtlinien für nötig gehalten als die Bibel und die Einsichten der Gemeinschaft der Gläubigen, da die Ethik Jesu, wie man meint, nicht länger „realistisch" ist angesichts der Art und Weise, wie die Gesellschaft im Ganzen funktioniert. Der ethische Diskurs innerhalb des Christentums ist jetzt vor allem mit zwei Testfragen konfrontiert: 1. Kann man ein bestimmtes Verhalten von allen verlangen? 2. Was würde geschehen, wenn jeder sich so verhielte?[12] Somit bekommen Gesetzgebung und Politik des Reiches jetzt auch innerhalb der Kirche ein großes Gewicht, da die Regierung jetzt die alleinige verantwortliche Bezugsgröße für politische und soziale Belange ist.

Die Folgen dieser Wende sind weitreichend. Die konstantinische Wende veränderte den ekklesiologischen Charakter und das Zeugnis der Kirche, ihr politisches Agieren und auch ihren missionarischen Fokus. Während die Kirche vor Konstantin darum besorgt war, wie sie dem Beispiel Jesu folgen könne und dieses verkörpere, ging es der Kirche nach Konstantin vor allem um den rechten Glauben (die Orthodoxie). Es kam also zu einer Trennung zwischen den Glaubenssätzen der Kirche und den Ausdrucksformen eines Lebens, das Jesu gelebtem Beispiel nacheifern wollte. Infolge dieser Wende war die Kirche nicht länger eine bestimmte – oder besondere – Gemeinschaft, da jeder im Reich nun – zumindest offiziell – der Kirche angehörte.

---

10 *Huebner,* An Introduction, 62.
11 Ebd., 61.
12 Vgl. *Yoder,* The Priestly Kindom, 139.
13 *Arne Rasmusson:* The Church as Polis: From Political Theology to Theological Politics as Exemplified by Jürgen Moltmann and Stanley Hauerwas, Notre Dame, IN, 1995, 222. Eine ausgezeichnete Darstellung des konstantinischen Wende und wie man damals „Konversion" (d. h. „Christ" zu werden) verstand, findet sich bei *Alan Kreider:* The Change of Conversion and the Origin of Christendom, Harrisburg, Pa., 1999. Vgl. auch *Yoder,* The Priestly Kingdom, 135–147; *John Howard Yoder:* The Original Revolution: Essays on Christian Pacifism, Waterloo, ON, 2003, 65–84; *ders.:* The Disavowal of Constantine: An Alternative Perspective on Interfaith Dialogue; in: The Royal Priesthood: Es-

Arne Rasmusson fasst das gut zusammen:

Die konstantinische Wende brachte es mit sich, dass die Kirche nicht mehr Minderheit war, sondern mit der Zeit die kaiserliche Religion aller wurde. Kein Christ zu sein bedurfte eines festen und bewussten Entschlusses. Es entstand die Doktrin von der unsichtbaren Kirche, da die wahren Gläubigen oder Erwählten immer noch als eine kleine Minderheit angesehen wurden. „Kirche" bezeichnete nicht länger ganz bestimmte Menschen, sondern von nun an vor allem die Hierarchie und die kirchlichen Institutionen, mit der Folge, dass der Glaube und das christliche Leben primär als etwas Innerliches begriffen wurden.[13]

Allan Boesak urteilt ähnlich:

Vor der konstantinischen Periode waren die Menschen in der christlichen Kirche ethnisch und gesellschaftlich verschieden und hatten weder Einfluss noch Macht. Als jedoch unter Konstantin das Christentum Staatsreligion wurde, veränderte sich die Kirche. Von nun an waren Kirche und Staat Verbündete. Das Bekenntnis der Kirche wurde das Bekenntnis des Staates, und die Politik des Staates wurde die Politik der Kirche. Die Politik des Reiches Gottes war fortan von der Zustimmung Cäsars abhängig.[14]

Die Wende führte zu einem signifikant neuen Verständnis von „Macht". Die Kirche begann, dasselbe Machtverständnis wie das Römische Reich zu entwickeln und in ihrer Auseinandersetzung mit der Machtfrage dessen Struktur und Zielsetzung nachzuahmen.

Charles Villa-Vicencio merkt dazu an:

Eine der Folgen des konstantinischen Bündnisses zwischen der Kirche und dem Staat war das Entstehen hierarchischer Kontrollinstanzen in der Kirche, die denen des Staates glichen. In vielerlei Hinsicht ist die Kirche heute autoritärer, hierarchischer, repressiver, undemokratischer und weniger partizipatorisch und liberal als der Staat.[15]

Aufgrund der Arbeitsteilung zwischen Kirche und Reich, so Yoder, bei der das Reich für alles außerhalb der Kirche zuständig wurde, also auch für Belange außerhalb des nun selbst „christlichen" Reiches, wurde nun „Mission" als der Ruf an die Menschen zum Glauben an Jesus Christus ebenfalls

---

says Ecclesiological and Ecumenical, hg. v. *Michael G. Cartwright,* Waterloo, ON, 1998, 242–261. Siehe auch *Stanley Hauerwas:* Against the Nations: War and Survival in a Liberal Society, Notre Dame, IN, 1992, 74–78.

[14] *Allan Aubrey Boesak:* Farewell to Innocence: A Social-Ethical Study of Black Theology and Black Power, Johannesburg, South Africa, 1977, 29. Boesak konstatiert im Weiteren, „der Fall der christlichen Kirche" durch das konstantinische Bündnis sei genau dann erfolgt, als sie eine weiße Kirche wurde.

[15] *Villa-Vicencio,* A Theology of Reconstruction, 47.

508 neu definiert. „Jenseits der Grenzen des Reiches wurde sie identisch mit der Expansion der römischen Herrschaft."[16] Das veränderte neue Machtverständnis beeinflusste also nicht nur die Ekklesiologie der Kirche, sondern auch ihre Mission und Identität.

Das Denken bzw. die Vorstellungswelt der Kirche wurde also durch ihre enge Beziehung mit dem Reich umgeformt und glich sich der Weise an, wie das Reich Konzepte wie „Macht" definierte. Macht, als die Fähigkeit etwas zu bewirken, einschließlich wie man auf andere einwirkt (d. h. Politik), wurde als ein wesentliches Charakteristikum des Reiches verstanden, da diesem die Aufgabe oblag, sich um die gesellschaftlichen und politischen Belange in seinem Herrschaftsgebiet zu kümmern. Die Kirche gab ihr eigenes Verständnis von Macht auf und übernahm das des Reiches. Das Reich wiederum stützte sich auf die Kirche, um seinen expansiven Machtgebrauch rechtfertigen und absegnen zu lassen.

Die Vorstellung vom „Christentum" und der Nationalstaat

Das „Christentum"-Paradigma formte die Vorstellungswelt und das Selbstbild der Kirche. Und selbst als die Renaissance, die Reformation und andere mehr „politische" Bewegungen die Grundlagen für das moderne Verständnis des Nationalstaates bzw. ein Bewusstsein der nationalen Identität legten, behielt die Kirche weitgehend ihre „konstantinische" Rolle im Sinne der Idee eines „Christentums" bei.[17] Obwohl die symbiotische Beziehung zwischen der Kirche und dem Kaiserreich mit dem Entstehen der modernen, liberalen Nationalstaaten zu Ende ging, knüpfte die Kirche ihre gesellschaftliche Bedeutung auch weiterhin an ihre Beziehung zu dem, was die staatliche Einheit darstellte, d. h. den Nationalstaat. „Das gesellschaftliche Arrangement bleibt, aber nun auf der nationalen Ebene."[18] Yoder spricht hier von einem „Neokonstantinismus".

William Cavanaugh sieht die Dinge ähnlich im Blick auf die Entstehung des Nationalstaates. Für die Kirche war ein Land wie eine organische Einheit, in der der Staat für die Körper und die Kirche für die Seelen verantwortlich war. In der Tat „hatte die Kirche ... bereits die Körper ihrer Mitglieder dem Staat übereignet".[19]

---

[16]   *Yoder,* The Priestly Kingdom, 134.
[17]   Ebd., 141.
[18]   Ebd.
[19]   *William T. Cavanaugh:* Torture and Eucharist: Theology, Politics, and the Body of Christ, Oxford 1998, 16.

Eine der Hauptmythen, die die Entstehung des modernen Nationalstaates begleiteten, war die oft ungeprüfte Annahme, dass Religion von Natur aus gewalttätig sei. Es wird oft angenommen, so Cavanaugh, dass der moderne Nationalstaat aufgrund und als Reaktion auf die gewalttätige Natur der Kirche entstand. Der Nationalstaat sollte demnach als ein einheitliches Gebilde fähig sein, die verschiedenen Glaubens- und weltanschaulichen Richtungen in einer Einheit zusammenzufassen. Der Nationalstaat sollte also der Friedensstifter sein, eine Einheit, die den wahren Frieden bringen würde, weil seine Bürger sich dem allgemeinen Wohl unterordneten. Die Religion wurde folglich in den privaten Bereich verwiesen, während die Loyalität dem souveränen Staat gegenüber die nötige Basis für die Einheit der unterschiedlichen Gruppen lieferte.[20] Das erinnert jedoch durchaus an das, was während der konstantinischen Wende geschah und an die Rolle, die die Christenheit dabei spielte, als der politische und der spirituelle, der gesellschaftliche und der persönliche Bereich voneinander getrennt wurden.

Cavanaugh stellt den Mythos in Frage, dass Religion von Natur aus gewalttätig sei, und weist darauf hin, dass die sog. „Religionskriege" des 16. und 17. Jahrhunderts in der Tat besser verstanden werden können als die Geburtswehen des modernen Nationalstaates.[21] Der neue Staat versuchte, der einzige souveräne Gesellschaftskörper zu werden und dabei die anderen gesellschaftlichen Einheiten, wie die Kirche, als Friedensstifter zwischen unterschiedlichen, widerstreitenden und gewaltbereiten Gruppen abzulösen.[22] Damit wurde keineswegs das Problem der Gewalt gelöst, so Cavanaugh, sondern nur etwas Neues geschaffen, für das die Menschen bereit waren zu töten, nämlich der Nationalstaat.[23] „Angeblich wurde das Heilige von der Politik getrennt, um Frieden zu schaffen; in Wirklichkeit eignete sich der entstehende Staat das Heilige an und wurde selbst zu einer Art Religion."[24]

Cavanaugh gesteht zu, dass die Kirche in die Religionskriege des 16. und 17. Jahrhunderts involviert war und dass es bei diesen Kriegen nicht nur um Politik ging. „Der Punkt ist allerdings, dass der Übergang der Macht von der Kirche auf den Staat nicht die Lösung der Gewaltfrage des

---

20 Vgl. *William T. Cavanaugh:* The Myth of Religious Violence: Secular Ideology and the Roots of Modern Conflict, New York 2009, 10.
21 *Kyle Gingerich Hiebert:* Rezension von *William T. Cavanaugh,* The Myth of Religious Violence: Secular Ideologies and the Roots of Modern Conflict; in: The Heythrop Journal, vol. 53, no. 3.
22 *Cavanaugh,* The Myth of Religious Violence, 10.
23 Ebd., 12.
24 Ebd., 11.

16. und 17. Jahrhunderts war, sondern einer der Ursachen der Kriege. Die Kirche war zutiefst in das Gewaltgeschehen eingebunden, weil sie zunehmend mit dem Projekt der Staatsbildung identifiziert wurde und an ihm beteiligt war."[25] Die Kirche demontierte sich selbst als Gesellschaftskörper und übernahm die Rolle der Sorge für das moralische Leben der Bürger und überließ das Politische, d. h. das gesellschaftliche Leben der Bürger, dem Staat. Die Kirche wurde also in den privaten Bereich abgeschoben, wo ihre Aufgabe gewissermaßen die Seelsorge war, während der Staat seine Rolle als das eine gesellschaftliche Gebilde übernahm, das für die öffentliche Wohlfahrt in seinem Gebiet zuständig war.

Die Kirche ist also selbst bei der Entstehung des liberalen, säkularen Nationalstaates weiterhin der Logik des „Christentums" gefolgt und dem damit einhergehenden Machtverständnis. Mit ihrem konstantinischen Selbstbild hat sie weiterhin Macht als Herrschaft über andere verstanden, durch die die Gesellschaft geordnet und strukturiert werden soll. Und dem Reich oder Staat obliegt es, diese Macht auszuüben. Innerhalb der Kirche hat das geschichtlich gesehen dazu geführt, die Machtstrukturen des Reiches nachzuahmen – ein von oben nach unten sich orientierendes, hierarchisches Verständnis von Autorität –, um wirksam das Reich beeinflussen zu können oder diejenigen, die sich „an der Macht" befinden, d. h. diejenigen, die über die Gesellschaft herrschen und sie bestimmen. Die Kirche hat sich also die Annahme zu eigen gemacht, dass Macht die Fähigkeit ist, die Gesellschaft zu ordnen und zu beeinflussen, und dass diese dem Reich bzw. dem Staat zueignet. Die Rolle der Kirche, wenn sie überhaupt eine hatte, war es zu versuchen, die Art und Weise wie die „Mächtigen" ihre Macht gebrauchen zu beeinflussen.

Die durch den Heiligen Geist gewährte Macht

Historisch gesehen hat die Kirche, mit wenigen bemerkenswerten Ausnahmen,[26] akzeptiert, wie das Reich oder der Staat Macht verstanden hat. Dieses Verständnis von Macht steht jedoch in vieler Hinsicht im Gegensatz zur Darstellung von Macht in der Bibel, insbesondere Gottes Macht, die

---

[25] Ebd., 11 f.

[26] Einige dieser bemerkenswerten Ausnahmen finden sich bei den Täufern (*Anabaptisten*) und auch bei Vertretern der Befreiungstheologie, die die Macht des Volkes im Kampf gegen repressive Regime in den Mittelpunkt stellen – eine „Macht von unten". In dieser Hinsicht gibt es viele Gemeinsamkeiten zwischen der Befreiungstheologie und der Täuferbewegung.

die Kirche annehmen und von der sie sich leiten lassen soll. Zum Beispiel wird ein kleines und scheinbar unbedeutendes Volk zum „Volk Gottes" erwählt; ein Kind besiegt einen berühmten Krieger mit einer Steinschleuder; ein Retter wird geboren in einer Zimmermannsfamilie; der Tod wird paradoxerweise überwunden durch den Tod und ermöglicht das Leben. Alle diese Beispiele zeigen die radikal andere Art und Weise wie Gott wirkt. Gottes Wirken zeigt eine alternative Möglichkeit der Wirklichkeit und fordert uns heraus, unser Leben nach einer solchen Wirklichkeit auszurichten. Die Schwierigkeit besteht aber nicht nur darin, unser Leben auszurichten und an Gottes Mission teilzuhaben, sondern auch dieser aller Logik widersprechenden Macht zu *glauben* und zu *vertrauen*, wie sie sich in der Geschichte von Gottes aktiver Gegenwart in der Welt selbst bezeugt.

Die Ankündigung, die Jesus seinen Jüngern am Anfang der Apostelgeschichte gibt, hilft uns, diese alternative Form von Macht besser zu verstehen.

„Und als er mit ihnen zusammen war, befahl er ihnen, Jerusalem nicht zu verlassen, sondern zu warten auf die Verheißung des Vaters, die ihr, so sprach er, von mir gehört habt; denn Johannes hat mit Wasser getauft, ihr aber sollt mit dem Heiligen Geist getauft werden nicht lange nach diesen Tagen. Die nun zusammengekommen waren, fragten ihn und sprachen: Herr, wirst du in dieser Zeit wieder aufrichten das Reich für Israel? Er sprach aber zu ihnen: Es gebührt euch nicht, Zeit oder Stunde zu wissen, die der Vater in seiner Macht bestimmt hat; aber ihr werdet die Kraft des Heiligen Geistes empfangen, der auf euch kommen wird, und werdet meine Zeugen sein in Jerusalem und in ganz Judäa und Samarien und bis an das Ende der Erde" (Apg 1,4–8).

Die Apostelgeschichte beginnt damit, dass Jesus seine Jünger an die Verheißung der Herabkunft des Heiligen Geistes erinnert. Mit dem Weggang Jesu wird ein anderer Helfer kommen, der die Jünger begleitet auf ihrem Weg und sie wie ein Lehrer stärkt. Die Verheißung der Taufe mit Feuer, die bereits in Lukas 3,16[27] vorhergesagt wird, erfüllt sich mit der im 2. Kapitel der Apostelgeschichte geschilderten Herabkunft des Heiligen Geistes – dem Pfingstereignis. Die Apostelgeschichte sagt, dass mit dem feurigen Erscheinen des Heiligen Geistes die Verheißung Jesu in Apg 1,4–8 erfüllt ist: „Aber ihr werdet die Kraft des Heiligen Geistes empfangen. "

In der Folge zeigt uns dann die Apostelgeschichte, wie der Heilige Geist in der neu gebildeten Gemeinschaft und durch sie wirkt – die Kirche,

---

[27] „Johannes [antwortete] und sprach zu allen: Ich taufe euch mit Wasser; es kommt aber einer, der ist stärker als ich, und ich bin nicht wert, dass ich ihm die Riemen seiner Schuhe löse; der wird euch mit dem Heiligen Geist und mit Feuer taufen" (Lk 3,16).

eine Gemeinschaft, die erst durch den Heiligen Geist geformt wurde. Das Pfingstereignis markiert einen Moment, in dem die Kraft Gottes den Jüngern Jesu verliehen wird, damit sie dem Beispiel ihres Lehrers folgen. Die Zusage von Lukas 6,40: „Der Jünger steht nicht über dem Meister; wenn er vollkommen ist, so ist er wie sein Meister", erfüllt sich durch das Leben der Jünger Jesu, die in der Nachfolge handeln und leiden.

Der Schlüssel zum Verständnis der Fähigkeit der Jünger, dem Beispiel Jesu zu folgen, liegt in der Macht, die sie durch den Heiligen Geist empfangen haben.

Um Jesu Verheißung und die Taten der Apostel nach Pfingsten besser verstehen zu können, müssen wir den Bedeutungsunterschied zwischen den Begriffen Macht/Kraft (*dynamis*) und Autorität (*exousia*), insbesondere im Lukasevangelium und in der Apostelgeschichte, die ja beide vom selben Verfasser stammen, verstehen. Beide Begriffe werden meist mit Macht/Kraft übersetzt. Aber sie sind in ihrer Bedeutung nicht identisch. Es gibt vielmehr bedeutsame Unterschiede im Gebrauch dieser zwei Begriffe.

Dynamis kommt fünfzehnmal im Lukasevangelium und zehnmal in der Apostelgeschichte vor. Der Verfasser benutzt den Begriff *dynamis*, um die Fähigkeit des Handelns zu bezeichnen. Insbesondere wird damit ein Handeln bezeichnet, das die Dinge verändert. Der Begriff wird entweder (außer in Lk 10,19) benutzt, um Gott selbst zu charakterisieren (z. B. die Kraft des Höchsten, die Kraft des Heiligen Geistes, die Kraft des Herrn, die Kraft Gottes etc.) oder im weiteren Sinne für das, was aufgrund von Gottes Macht möglich ist (z. B. die Kraft zu heilen, die Macht Geister auszutreiben, mächtige Taten zu vollbringen, die Kraft von Zeichen und Wundern, etc.). Fast immer wird *dynamis* gebraucht, um die Fähigkeit Gottes zu beschreiben oder jener, die in den Wegen Gottes gehen und verändernd handeln.

Der Begriff *exousia* wird oft benutzt, um Macht im Sinne von Autorität zu bezeichnen. Der Verfasser des Lukasevangeliums und der Apostelgeschichte verwendet diesen Begriff vor allem, um Handlungsautorität zu bezeichnen und nicht so sehr die Fähigkeit zum Handeln selbst. Der Begriff kommt sechzehnmal im Lukasevangelium und siebenmal in der Apostelgeschichte vor. Während *dynamis* (außer in Lk 10,19) positive Bedeutung hat, ist der Begriff *exousia* komplexer. Er hat positive Bedeutung, wenn er sich auf die Autorität Gottes oder Jesu Christi bezieht.[28] In 17 von 23 Fäl-

---

[28] Z. B. Lk 4,32 und 4,36, Jesus hat die Vollmacht über Geister; 5,24, Jesus hat Autorität/Vollmacht Sünden zu vergeben; 9,1, Jesus gibt den Jüngern Macht/Autorität über die bösen Geister und Krankheiten zu heilen; Apg 1,7, Gott hat Macht/Autorität; 8,19, Simon möchte Macht/Autorität, damit jeder, dem er die Hand auflegt, den Heiligen Geist empfängt.

len jedoch wird *exousia* in einem eher negativen, abschätzigen Sinne gebraucht, um diejenigen zu bezeichnen, die eine „weltliche" – im Gegensatz zur göttlichen Autorität – innehaben.[29] Es gibt verschiedene Stellen, wo der Verfasser mit dem Begriff *exousia* eine Herrschaft über andere bezeichnet, die im Gegensatz zu Gottes Macht steht.

Drei Beispiele mögen hier genügen:

1. In der Erzählung von Jesu Versuchung spricht der Teufel von der Autorität *(exousia)*, die er besitzt und mit der er Jesus versucht: „Alle diese Macht/Autorität will ich dir geben und ihre Herrlichkeit; denn sie ist mir übergeben, und ich gebe sie, wem ich will" (Lk 4,6). Hier ist *exousia* ein Besitz und Instrument des Teufels.

2. Ein zweites Beispiel ist die Szene, in der Jesu Vollmacht hinterfragt wird (Lk 20,1–8). Jesus wird gefragt: „Aus welcher Vollmacht tust du das?" [Wunder, Heilen, Austreiben unreiner Geister etc.] Anstatt sich auf die Auseinandersetzung darüber einzulassen, wer die Autorität hat, weicht Jesus auf ähnliche Weise der Frage aus wie bei der Versuchung durch den Teufel, wo er sich der Macht/Autorität des Teufels verweigerte, und weigert sich auch hier, an dem System der Herrschaft und Autorität über andere teilzuhaben. Interessanterweise bringt der Verfasser im selben Kapitel diese Macht/Autorität, die Jesus ablehnt, wieder zur Sprache – als die Macht des Statthalters. *Exousia* wird wieder als ein Merkmal weltlicher Herrschaft gekennzeichnet und nicht eines des Reiches Gottes (was wieder die zweite Versuchung Jesu bezüglich der Reiche dieser Welt in den Blick bringt – Lk 4,5–8).

3. In Kap. 26 der Apostelgeschichte kommt der Begriff *exousia* dreimal in einer interessanten Wechselbeziehung vor. Die beiden ersten Male bezeichnet er die Macht/Autorität der Hohenpriester unter Hinweis auf die Zeit, als Paulus noch die Kirche verfolgte. In 26,18 bezeichnet er die Gewalt des Satans.

Obwohl noch mehr Beispiele angeführt werden könnten, mögen diese genügen, um zu zeigen, dass *exousia*, wenn nicht auf Gott bezogen, sehr oft negative Konnotationen hat.

---

[29] Z. B. bezieht sich Lk 4,6 auf die Macht/Autorität, die der Teufel gewährt; in 7,8 auf die Autorität des Hauptmanns über andere; 12,11 auf die Mächtigen in der Synagoge und die Obrigkeit; 19,17 auf einen Knecht, der Macht/Autorität bekommt über zehn Städte; 20,2 auf die Hohenpriester, Schriftgelehrten und Ältesten, die Jesus fragen: „Wer hat dir diese Vollmacht gegeben?"; in 20,8 antwortet Jesus nicht auf die Frage nach seiner Vollmacht/Autorität; in 20,20 wird die Gewalt/Autorität des Statthalters erwähnt; 22,53 erwähnt die Macht der Finsternis; 23,7 bezieht sich auf das Herrschaftsgebiet des Herodes; Apg 5,4 erwähnt die Verfügungsmacht/Kontrolle, die Hananias über sein Land und sei-

Im Lukasevangelium und in der Apostelgeschichte zeigt sich also, dass die Art der Macht, die mit *exousia* bezeichnet wird, d. h. die Macht und Autorität über andere, nicht dem Weg Jesu oder dem Willen Gottes zu entsprechen scheint.[30] Gott ist der rechtmäßige Inhaber der Macht (Apg 1,7), aber die den Nachfolgern Jesu verliehene Macht soll sich nicht durch Autorität *über* andere verwirklichen.

Gleich nachdem der Autor sagt, dass Gott der rechtmäßige Besitzer der Macht (*exousia*) ist, fügt er hinzu, dass die Jünger die Kraft (*dynamis*) des Heiligen Geistes empfangen werden. Diese *dynamis* ist die Fähigkeit, Zeugen Jesu zu sein. Das griechische Wort für Zeuge ist hier μαρτύς (*martys*). Das Wort wurde später verwendet, um diejenigen zu bezeichnen, die für ihren Glauben starben – die Märtyrer. Von allen Ableitungen von *martyríon* (μαρτυρίον) ist *martys* die häufigste in der Apostelgeschichte vorkommende (13mal). Obwohl *martys* zunächst nur „Zeugnis geben" oder „bezeugen" bedeutete, wurde das Wort sehr schnell, in einem Zeitraum von 10 bis 30 Jahren (je nachdem, ob man die Abfassung der Apostelgeschichte auf das 6. oder 8. Jahrzehnt n. Chr. datiert) mit Tod und Märtyrertum assoziiert.[31]

„Zeugnis" in diesem Lichte gesehen, das heißt Nachfolge des Beispiels der selbstaufopfernden Liebe Jesu Christi, ist eng verbunden mit dem neutestamentlichen Begriff der *kenosis*. Kenosis bezeichnet die göttliche Selbstentäußerung. Jesus Christus, die zweite Person der göttlichen Trinität, begrenzt sich selbst und wird den Menschen gleich. Man kann mit Hans Urs von Balthasar argumentieren, dass die Idee der kenotischen

---

nen Besitz hat; 9,14, 26,10 und 26,12 beziehen sich auf die Vollmacht der Hohenpriester; und 26,18 spricht von der Gewalt des Satans.

[30] Es sei angemerkt, dass ich hier keine allgemeinen Schlüsse über die Bedeutung von *exousia* im ganzen Neuen Testament ziehe, sondern mich auf Lk und Apg beschränke. Hinsichtlich einer umfassenderen Perspektive siehe *Walter Wink:* Naming the Powers: The Language of Power in the New Testament, Philadelphia, PA, 1984. Eine bemerkenswerte Erkenntnis in Walter Winks Buch ist es, dass in 85 Prozent der Fälle, in der *exousia* im Neuen Testament vorkommt, es um eine „strukturelle Dimension der Existenz" geht, die häufig als „gefallen" dargestellt wird. Siehe auch *John H. Yoder:* The Politics of Jesus: vicit Agnus noster, Grand Rapids, Michigan, 1994.

[31] Für die Verbindung von *martys* und Tod gibt es bereits in der Offenbarung des Johannes Beispiele: (z. B. Offb 1,5; 2,13; 6,9; 12,11; 17,6). Die Entstehung der Offenbarung wird von der Forschung auf das 9. Jahrzehnt n. Chr. datiert. Es ist umstritten, wann die Apostelgeschichte geschrieben wurde. Es gibt Argumente für eine Abfassung in den 80er Jahren n. Chr., andere plädieren für die frühen 60er Jahre n. Chr. Wir können auf jeden Fall nachvollziehen, wie die Bedeutung von *martys* sich von „bezeugen" auf ein Verständnis verlagerte, das Bezeugen mit Tod und Märtyertum in Verbindung brachte.

Selbsthingabe ein allgemeines Charakteristikum der göttlichen Liebe ist, die in der perichoetischen und reziproken Relationalität der Trinität selbst inbegriffen ist.[32] Donald Dawe kommt zu dem Schluss: „Die göttliche Kenosis ist der Schlüssel zu dem ganzen Drama der menschlichen Erlösung."[33] Das Konzept der Kenosis hatte kontextuell (vgl. Phil 2,6–8 and 2 Kor 8,9) praktische und ethische Implikationen. „Gottes freie Selbsthingabe ist moralischer Appell und Beweggrund für die Christen, selbst ein Leben der aufopfernden Liebe zu führen. Gottes freie Selbsthingabe, seine Kenosis, ist Zeichen für die christliche Lebensweise."[34]

Die Kraft durch die Herabkunft des Heiligen Geistes, die Jesus verspricht, verweist deshalb auf ein völlig anderes Machtverständnis, als es sich nach Konstantin in der Kirche entwickelte. Während sich die Macht in der (nach-)konstantinischen Kirche größtenteils an dem Machtverständnis des Römischen Reiches orientierte, einer von oben nach unten gerichteten, hierarchischen Form der Macht, die die Gesellschaft mit Gewalt beherrscht und durch Eroberung und Kontrolle verändern wollte, ist die Macht, die Jesus verheißt, eine Form der Macht, die diejenigen, die sie empfangen, in Nachahmung der Taten Jesu und nach dem Willen Gottes handeln lässt. Es ist eine Verheißung von *dynamis*, die die Jünger Jesu befähigt, Ungerechtigkeit und Gewalt entgegenzutreten, zu heilen und an den mächtigen Taten teilzuhaben auf eine Weise, die auf Liebe, Offenheit, Dienstbarkeit und Sorge für den Nächsten beruht. Die Form der Macht, die Jesus verheißt, wird vom Heiligen Geist empfangen und befähigt die sie Empfangenden in der Nachahmung des kenotischen Beispiels Jesu, ein Leben zu führen, das sie, wie ihren Lehrer, auch in den Tod führen kann.[35] Die Kraft des in Apg 1,1–8 verheißenen Heiligen Geistes ist die Kraft, ein Leben der selbstverleugnenden Liebe zu führen, *agape*, eine *kenotische* Liebe, für die das Leben und Sterben Jesu Christi exemplarisch war.

---

[32]   Vgl. *Sarah Coakly:* Kenosis: Theological Meanings and Gender Connotations; in: *John Polkinghorne:* The Work of Love: Creation as Kenosis, Grand Rapids, MI, 2001, 199.

[33]   *Donald Dawe:* The Form of a Servant: A Historical Analysis of the Kenotic Motif, Philadelphia, PA, 1963, 17.

[34]   Ebd.

[35]   Die Kommission für Weltmission und Evangelisation des Ökumenischen Rates der Kirchen (CWME) beschreibt dies als Inspiration des Heiligen Geistes „zu einem Leben der Selbstentäußerung und der Kreuzesnachfolge und er begleitet Gottes Volk in seinem Streben, in Wort und Tat Zeugnis von der Liebe Gottes abzulegen". Siehe *World Council of Churches:* Together Towards Life: Mission and Evangelism in Changing Landscapes, Geneva 2013. Deutscher Text unter www.oikoumene.org/de/resources/documents/commissions/mission-and-evangelism/together-towards-life-mission-and-evangelism-in-changing-landscapes?set_language=de (aufgerufen am 18.09.2016).

Wenn wir diese alternative Form der Macht, die Jesus mit der Herabkunft des Heiligen Geistes seinen Jüngern verheißen hat, annehmen und
verwirklichen wollen, wird das unser Leben und unser Verständnis von
Gottes Mission verändern und uns dazu bewegen, unsere kirchliche und
missionarische Praxis zu überdenken.

Das hat zahlreiche Konsequenzen, die es zu bedenken gilt. An dieser
Stelle möchte ich nur drei von ihnen in den Blick nehmen.

1. Die erste, bereits angesprochene Konsequenz aus dem Paradigma
der Zeugenschaft ist eine Praxis mit einem anderen Machtverständnis –
Macht, die auf der Verletzlichkeit und der Inkarnation beruht, was auf den
ersten Blick töricht erscheinen mag. Jesus Christus zu bezeugen heißt
dann, nicht Formen der Macht zu etablieren oder nachzuahmen, die be-
herrschen, unterdrücken, erobern oder Zwang ausüben – Formen der
Macht also, die ihrer Natur nach gewalttätig sind und auf diese Weise die
Eroberten „christianisieren". Leider sind diese Merkmale nur allzu typisch
für Ekklesiologien und Missiologien, die innerhalb des „Christentum"-Para-
digmas mit seinem (nach-)konstantinischen Verständnis von Macht ange-
siedelt sind.[36]

Bemerkenswerterweise spricht die Kommission für Weltmission und
Evangelisation des Ökumenischen Rates der Kirchen (CWME) in ihrer
neuen ökumenischen Missionserklärung von der Notwendigkeit einer Verlagerung von einer „Mission zu den Rändern hin" zu einer „Mission von
den Rändern her".[37] Das Dokument stellt fest, dass Mission oftmals als Bewegung verstanden wurde, die vom Zentrum zur Peripherie und von den
Privilegierten zu den Marginalisierten in der Gesellschaft verläuft.[38]

Aber „diese Art von Mission hat sich nur allzu oft zum Komplizen un-
terdrückerischer und lebensfeindlicher Systeme gemacht. Sie hat generell
die Privilegien im Zentrum der Gesellschaft für sich in Anspruch genom-

---

[36] *Kameron Carter* spricht von einer „Farbe" des Konstantinismus, weil mit dem Beginn
der Neuzeit das Christentum ein Werkzeug der „weißen", europäischen Eroberung aufgrund dieses repressiven Machtverständnisses wurde, abgeschnitten von den „anderen"
(jüdischen Wurzeln des Christentums), die der europäischen Christenheit fremd waren.
„Umgeformt in ein kulturelles und politisches Eigentum und umgestaltet in ein ideologisches Instrument zur Beihilfe bei der kolonialen Eroberung, wurde das Christentum das
Vehikel der ‚weißen' Religiosität" (*J. Kameron Carter:* Race: A Theological Account,
New York 2008, 23).

[37] *World Council of Churches:* Together Towards Life: Mission and Evangelism in
Changing Landscapes, Geneva 2013, 14–17.

[38] Ebd., 5.

men und größtenteils darin versagt, wirtschaftliche, soziale, kulturelle und politische Systeme kritisch zu hinterfragen, die Völker marginalisiert haben. Mission vom Zentrum aus wird aus einer paternalistischen Haltung und durch einen Überlegenheitskomplex getrieben".[39]

Anders als ein Paradigma, das auf den Konzepten des Konstantinismus oder des „Christentums" beruht, geht ein Paradigma der Zeugenschaft von einer bekenntnishaften Grundlage aus – einer Grundlage, die nicht erzwungen werden kann. Eine solche bekenntnishafte Grundlage war in der Alten Kirche so selbstverständlich, dass eine Theologie der zwei Taufen entstand: die erste mit Wasser, die zweite mit Blut. Die Alte Kirche erkannte, dass der Akt des Bekennens zu Jesus Christus als Herrn – auch ein politisches Bekenntnis – sehr wohl den Tod bedeuten konnte. Aber es war gerade dieser Akt des Bekennens, selbst im Angesicht des Todes, der eine andere Loyalität und ein anderes Verständnis von Macht erwies. Jörg Rieger schreibt im Blick auf Phil 2, dass die Erniedrigung und die Erhöhung Jesu von einer anderen Art der Macht zeugt, die Jesus verkörpert: „eine Macht, die in diametralem Gegensatz zu der Macht des Kaisers steht".[40] Und es war diese diametral entgegengesetzte Form der Macht, die zu Jesu eigenem Tod führte wie auch zu dem Tod vieler in der Alten Kirche, die sich zu ihm bekannten.

Und doch war (und ist) auf diese Weise das Martyrium missionarisch. Tripp York schreibt über den Tod des Märtyrers Maximilian:

> „Obwohl das Römische Reich [Maximilian] tötete, weil er sich weigerte, dessen Götter zu verehren, war sein Handeln, wie jedes Handeln eines Märtyrers, nicht gegen das Reich gerichtet – als ob christliches Zeugnis jemals reaktiv oder durch das bestimmt wäre, gegen das es sich richtet. Vielmehr waren sein Martyrium sowie das frühchristliche Märtyrertum im Allgemeinen *für* das Reich. Jedes Zeugnishandeln ist immer ein Zeugnis für die Gute Nachricht, d. h. den auferstandenen Christus, der die Gabe verleiht zu sehen, wie die Welt wirklich ist: erlöst."[41]

Die eigene Glaubenseinstellung mag manche dazu bringen, für eine alternative Politik einzutreten, die andere Formen des gerechten Zusammenlebens in die Praxis umsetzen will, im Bewusstsein, dass dieser alternative Weg dieselben Folgen haben könnte, wie für den, der ihn erschlossen hat.[42]

[39] Ebd., 16.
[40] *Jörg Rieger:* Christ & Empire: From Paul to Postcolonial Times, Minneapolis, MN 2007, 43.
[41] *Tripp York:* Early Church Martyrdom: Witnessing For or Against the Empire?; in: *Michael L. Budde/Karen Scott:* Witness of the Body: The Past, Present, and Future of Christian Martyrdom, Grand Rapids, MI, 2011, 23–24.
[42] Siehe z. B. die Par. 89 und 92 in *Gemeinsam für das Leben: Mission und Evangelisation in sich wandelnden Kontexten,* www.oikoumene.org/de/resources/documents/com-

2. Die zweite Konsequenz, die logisch aus der ersten folgt, ist, dass die kirchlichen und missionarischen Praktiken, die ihre Grundlage in dieser alternativen Form der Macht haben – der Macht der Zeugenschaft – von der Fähigkeit und der Bereitwilligkeit geleitet werden, füreinander zu sterben. Das Leben Jesu ist dafür das ultimative Beispiel. Jesu Leben und seine Lehren zeigen, dass es immer sein Bestreben war, dass Menschen in Gerechtigkeit und Frieden miteinander leben. Anders gesagt, durch Jesus sehen wir Gottes stetigen Wunsch, dass seine Geschöpfe auf rechte Weise miteinander leben – d. h. in gerechten Beziehungen. Diese unermüdliche Sorge verwirklichte sich in einem Leben, in dem das Kreuz das zu erwartende Ergebnis eines ethischen Zusammenpralls mit den herrschenden Mächten war. Jesu Beispiel zeigt – bezeugt – die Verkörperung einer anderen Form der Macht – einer Macht, die auf der selbstaufopfernden Liebe basiert, statt auf Gewalt und Bereitschaft zu töten.

Tripp York drückt es wiederum sehr gut aus:

> Beim Martyrium, dem endgültigen Akt der *imitatio Christi*, handelt es sich um ein sehr viel komplexeres christliches Geschehen, als einem simplen Sterben für die eigenen Grundsätze (obwohl auch dies keine geringe Tat ist).

Die Alte Kirche verstand das Märtyrertum im Allgemeinen, und den Körper des Märtyrers im Besonderen, als die Arena eines kosmischen Kampfes zwischen Gott und der Macht des Bösen, der mit dem öffentlichen Bekenntnis beginnt und seinen Höhepunkt mit der christlichen „zweiten Taufe" erreicht. Dies ist eine Taufe nicht nur für den Gläubigen, sondern für die Welt. Es ist ein liturgischer Ritus, der im Widerspruch zur formativen Liturgie des Reiches steht. Es ist ein Eid nicht für Cäsar, sondern für das, was über Cäsar steht, *für* Cäsar.[43]

Darum wird es bei einem Paradigma, das auf der Zeugenschaft gründet, nicht nur darum gehen, an Gottes großem Schalom-Projekt teilzuhaben, d. h. Frieden und Gerechtigkeit zu suchen, damit wir auf rechte Weise miteinander und mit Gott leben mögen, sondern auch um die Art und Weise, wie dieses Projekt verfolgt wird – Nachfolge Jesu, selbst bis in den Tod. Beides, die Verwirklichung gerechter Beziehungen und das Erleiden des Todes bei der Verfolgung dieses Zieles, sind Zeugnis für Jesus und für das von ihm erschaute und inaugurierte Reich.

missions/mission-and-evangelism/together-towards-life-mission-and-evangelism-in-changing-landscapes?set_language=de (aufgerufen am 18.09.2016).
43 *York,* Early Church Martyrdom, 37.

3. Die letzte Konsequenz, die wir hier erwähnen (obwohl es sehr viele weitere gibt), ist die Zuversicht, in der wir nun leben können aufgrund der Auferstehung. Wegen der Auferstehung müssen wir nicht länger in Furcht leben, weil wir nach dem Beispiel und den Lehren Jesu leben und ihm Treue geloben. Der an Pfingsten empfangene Geist und seine verheißene Kraft (Apg 1,8) „gibt Christen und Christinnen Mut, nach ihren Überzeugungen zu leben, selbst im Angesicht von Verfolgung und Märtyrertum".[44]

Furcht vor dem Tod bringt noch mehr Tod. Doch Jesus zeigt, dass der Tod besiegt ist, paradoxerweise durch die Bereitschaft für andere zu sterben. Durch Jesu Tod haben wir erfahren, dass der Tod nicht länger das letzte Wort hat. Daher gilt: Selbst wenn das Zeugnis für Jesus ein Leben nach sich zieht, das mit dem Tod enden kann, können wir doch mit Zuversicht leben, weil wir wissen, dass der Tod besiegt worden ist. Einfach gesagt, wir müssen den Tod nicht fürchten.

Schlussbemerkung

Ein Paradigma, das auf der Zeugenschaft für Jesus Christus beruht, bedeutet ein Leben mit einem anderen Machtverständnis. Die Macht, die der Heilige Geist verleiht, befähigt uns in der Nachfolge Jesu, ein Leben der selbstaufopfernden Liebe zu führen, wie Jesus es in seinem Leben *und* seinem Tod zeigte. Anders als die Macht der Reiche und Staaten, der sich eine Kirche, die weiterhin nach dem „Christentum"-Paradigma handelt, angeschlossen hat, gibt die Kraft des Heiligen Geistes die Fähigkeit für den anderen zu leben und möglicherweise auch zu sterben. Auf diese Weise geben wir Zeugnis für Jesus Christus und die Liebe, die er verkörperte.

Wenn das unser Verständnis von „Zeugnis" und Macht ist und wir nach einem Leben streben, das im Einklang damit steht, dann muss dies auch unser Verständnis von Kirche sowie unser Verständnis von Mission in der Welt beeinflussen. Es wird unsere Auffassung vom Wesen der Kirche, ihrer Struktur, der Mission oder missionarischen Praxis einer solchen Gemeinschaft auf dramatische Weise beeinflussen, wenn wir versuchen, eine Form der Macht zu verwirklichen, die uns verletzlich macht bis zum Tod hin, aus Liebe zum Nächsten. Es ist eine Sicht der Dinge, die zu einer alternativen ekklesiologischen und missiologischen Vorstellungswelt führt.

Übersetzung aus dem Englischen: Dr. Wolfgang Neumann

---

[44] *WCC,* Together Towards Life, 14.

Glaube, Ökumene und Mission in säkularer Gesellschaft[1]

Wer von Mission reden will, muss die Ökumene immer im Blick haben

Markus-Liborius Hermann[2]

Einleitung

Die Ökumene stellt eine Überlebensfrage des Glaubens in der säkularen Gesellschaft dar und ist daher auch für die Frage der Mission von entscheidender Bedeutung. Das Christentum wird in Zukunft nur dann als Gesprächspartner ernst genommen werden, wenn es sich als eine einheitliche christliche Kirche präsentiert, nicht als widersprüchliches Durcheinander. Daher ist die Ökumene ein zentraler Pfeiler einer missionarischen Pastoral, einer Pastoral, die für sich beanspruchen will, gehört zu werden. Die Spaltung schwächt die Überzeugungsmächtigkeit der Glaubensverkündigung, sie macht uns alle ärmer, unsere Traditionen enger. Die gemeinsame Suche und das gemeinsame Bemühen um eine vielgestaltige Einheit – nicht um eine uniformistische Einheitlichkeit – im Bekennen des apostolischen Glaubensbekenntnisses, im Verständnis der Sakramente und im Verständnis der Kirche und des kirchlichen Amtes sind deshalb zentral, da eine missionarische, eine evangelisierende, eine Gott bezeugende Präsenz Aufgabe der Kirche ist. Es geht darum, gemeinsam, nicht gegeneinander, den Menschen den Gotteshorizont zu eröffnen.

Für die Klärung des Verhältnisses von Glaube, Ökumene und Mission sollen im Folgenden die Fragen der säkularen Gesellschaft (1) und der mis-

---

[1] Gekürzte und leicht überarbeitete Version eines auf der Studientagung der Konferenz der Ökumene-Referenten der deutschen Diözesen am 26. November 2015 in Wittenberg gehaltenen Vortrags mit dem Titel *„Glaube und Ökumene in säkularer Gesellschaft"*.

[2] Markus-Liborius Hermann ist Referent für Evangelisierung und missionarische Pastoral der Katholischen Arbeitsstelle für missionarische Pastoral (KAMP) der Deutschen Bischofskonferenz.

sionarischen Ökumene (2) besprochen werden, um von dort pastorale Handlungsoptionen (3) aufzeigen.

1. Ein säkulares Zeitalter" (Charles Taylor)

Während *Martin Luther* als *homo religiosus* in einer Welt lebte, die von einem fraglos vorgegebenen Gotteshorizont bestimmt war, steht heute, zumindest in unseren Breitengraden, der Gottesglaube insgesamt zur Disposition, „nicht irgendwelche Einzelheiten des christlichen Glaubensbekenntnisses".[3] All diese „Einzelheiten" werden in der säkularen Öffentlichkeit zumeist als irrelevant betrachtet, als lebensferne Fachdiskussion jenseits der eigenen Lebenswirklichkeiten. Wie ist nun die aktuelle Situation zu beschreiben?

Im Rückblick kann in Deutschland spätestens seit den sechziger Jahren des 20. Jahrhunderts mit zunehmend beschleunigender Dynamik von einer massiven Umwälzung des gesellschaftlichen Lebens gesprochen werden, wobei auf dem politischen, wirtschaftlichen und geistesgeschichtlichen Feld seit dem 18. Jahrhundert Modernisierungsprozesse festzustellen sind: „Gewachsene Milieus lösen sich mehr und mehr auf; über Jahrhunderte hinweg geprägte Selbstverständlichkeiten verschwinden. Einen allgemein anerkannten Ersatz gibt es nicht."[4] Neben einer wachsenden Arbeitsteilung findet sich auch eine „Segmentierung der Lebensbereiche",[5] die zur Folge hat, „dass der einzelne [Mensch] eine Fülle von Rollen zu übernehmen hat und ständig seine Rollen wechseln muss".[6] Diese Entwicklung betrifft natürlich auch den Bereich des Religiösen. Sie wurde bis zur Jahrtausendwende vor allem als *Säkularisierung* bezeichnet, im Sinne eines linear ablaufenden unumkehrbaren Prozesses des Bedeutungsverlustes von

---

[3] *Joachim Wanke:* Haben Katholiken am Reformationsjubiläum 2017 etwas zu feiern? (Vortrag beim Begegnungstag des Rates der Evangelischen Kirche in Deutschland [EKD] und der leitenden Geistlichen der Gliedkirche der EKD am 28.01.2011 in Schwerte). Siehe: www.bistum-erfurt.de/aktuelles/altbischof-wanke-predigten-und-vortraege/archiv-bischof-2011/haben-katholiken-am-reformationsjubilaeum-2017-etwas-zu-feiern.html (aufgerufen am 09.08.2016).

[4] *Robert Zollitsch:* Gott erfahren in einer säkularen Welt. (Rede von Erzbischof Dr. Robert Zollitsch anlässlich des Kongresses „Wohin ist Gott?" vom 29. Mai bis 1. Juni 2012, Vallendar). Hg. v. Sekretariat der Deutschen Bischofskonferenz, Bonn 2012. (Der Vorsitzende der Deutschen Bischofskonferenz, 28), 13.

[5] *Karl Rahner:* Grundzüge der Gegenwartssituation; in: HBPTh II,1. Freiburg 1966, 188–221, 208.

[6] Ebd., 209; aufg. bei: *Zollitsch,* Gott erfahren in einer säkularen Welt, a. a. O., 13 f.

Religion. Im weiteren Verlauf wurde sie durch die *Individualisierungs-these* und das *Marktmodell* ergänzt bzw. zu ersetzen versucht. Auch wurde darauf verwiesen, dass Säkularisierung, Individualisierung und religiöse Pluralisierung drei parallel ablaufende und sich gegenseitig verstärkende Prozesse sind.

An dieser Stelle soll auf den kanadischen Soziologen Charles Taylor rekurriert werden, der mit seinem Werk *„Ein säkulares Zeitalter"* aus dem Jahr 2009 einen entscheidenden Diskussionsbeitrag eingebracht hat. Für ihn bedeutet Säkularität „nicht einfach ein Verschwinden des Religiösen aus der Öffentlichkeit oder den Rückgang von Glaubenspraxis und Glaubenswissen im Sinne einer Subtraktionsgeschichte, sondern einen tiefen Umgestaltungsprozess fundamentaler Lebens-Erfahrungen und damit eine positive Herausforderung und Chance, innerweltliche Sinnsuche als legitim und ernstzunehmend zu akzeptieren".[7] Säkularität zeigt sich somit in unseren west- und mitteleuropäischen Gesellschaften geradezu „als Bedingung des Religiösen"[8] – nicht als ein zu bekämpfender Gegner des Glaubens. Das Phänomen Säkularität ist vielmehr ein Prozess, der sich mit einer gewissen inneren Logik daraus ergibt, dass in einer pluralen Gesellschaft Menschen auf ganz unterschiedliche Art und Weise ihren Sinnbedürfnissen nachgehen können. Die einen finden nach wie vor Sinn in den klassischen Formen der Religiosität. Aber neben diesen gibt es unter pluralen Verhältnissen viele Alternativen. Und deswegen ist Religion nur eine Möglichkeit, ein sinnerfülltes Leben zu praktizieren, unter vielen anderen Möglichkeiten auch. Dieses zentrale Charakteristikum – *Pluralismus* – hatte Karl Rahner bereits 1966 als das „Fehlen einer letzten, allen übergeordneten und alles durchwaltenden ideologischen und funktionalen Steuerung sämtlicher Vorgänge dieses Systems, die im System selbst ihren Platz hätte" beschrieben.[9]

In ähnlicher Stoßrichtung beschreibt Karl Gabriel die aktuelle Situation im Blick auf den Pluralismus als die „multiplen Modern*en*" und zeigt damit eine Differenzierung im Sinne der Gleichzeitigkeit des Ungleichzeitigen an.[10] War es „unter den kulturellen Bedingungen der Vor-Moderne … kaum möglich, so etwas wie Sinn, Fülle und gelingendes Leben außerhalb einer Religion zu erfahren", so stellt Religion in unserer säkularen Zeit nur

---

7   *Zollitsch,* Gott erfahren in einer säkularen Welt, a. a. O., 6.
8   Ebd., 5.
9   *Rahner,* Grundzüge der Gegenwartssituation, a. a. O., 210.
10 *Karl Gabriel:* Jenseits von Säkularisierung und Wiederkehr der Götter. (Artikel vom 12.12.2008). Siehe: www.bpb.de/apuz/30761/jenseits-von-saekularisierung-und-wiederkehr-der-goetter?p=all (aufgerufen am 09.08.2016).

noch eine Möglichkeit der Sinndeutung unter mehreren dar – „bis hin zur religiösen Indifferenz und radikalem Atheismus".[11] Damit ist das Christsein insgesamt kein Erbe mehr, nicht mehr „normal", sondern wird zu einer echten persönlichen Entscheidung. Das Traditionschristentum wandelt sich mehr und mehr zu einem Wahlchristentum. Die Kirche hat kein Monopol mehr auf Religion, sondern steht in einer Konkurrenz der Hoffnungen. Glaube ist zudem keine Konvention mehr, etwa „das, was sich gehört", sondern eher ein prophetisches Zeichen.[12]

Interessant ist hier ein Blick auf die besondere Situation in Ostdeutschland. Während in den alten Bundesländern vor allem eine Emanzipation von den Kirchen im Sinne einer Befreiung gesellschaftlicher Teilbereiche von der Deutungshoheit der Institution Kirche stattgefunden hat, finden sich im Osten Deutschlands nur wenige Gläubige, viele von Kirche und Religion Unberührte, auch nur wenig Suchende. So kann man feststellen, dass sich der Glaube einerseits „[o]ffenbar ... durch keine Macht besiegen [lässt]; man ... aber auch ganz ohne ihn zufrieden und anständig leben" kann.[13] Diese Beobachtung erscheint theologisch zwar wenig befriedigend („der auf Gott geschaffene Mensch"), doch die Erfahrungen zwingen zu dieser nüchternen Feststellung. Der „Mehrwert des Glaubens" ist nicht einfach plausibel zu machen: „Nicht zu glauben, scheint für viele tatsächlich ‚normal' sein zu können."[14] Man kann mit Bischof Gerhard Feige von einer „ererbten Gottlosigkeit" sprechen.

Über den ostdeutschen Bezugsrahmen hinaus konkretisiert sich zudem in der neuen außerkirchlichen Religiosität das Phänomen, dass die Kirchen in der säkularen Postmoderne, bzw. den multiplen Modernen das gesellschaftliche Monopol auf Religion im Sinne des Transzendenzbezugs verlieren.[15] „Die Menschen haben nicht aufgehört, irgendwie geistlich zu leben, doch dieses Leben findet außerhalb der Kirche statt."[16] Auch ist festzustel-

---

[11] *Robert Zollitsch:* Säkularität als Herausforderung und Chance zur Neuevangelisierung (Statement des Vorsitzenden der Deutschen Bischofskonferenz bei der XIII. Ordentlichen Generalversammlung der Bischofssynode 2012): Quelle: www.dbk.de/fileadmin/redaktion/diverse_downloads/presse/102012-Bischofssynode-Statement-Saekularisierung-EB-Zollitsch.pdf (aufgerufen am 09.08.2016).

[12] *Maria Widl/Jan Loffeld:* Von der Dorf- zur Stadtlogik christlichen Lebens. Über die Kultur von Andersorten in und jenseits von Gemeinde; in: LebZ 68 (3/2013), 178–191.

[13] *Maria Widl:* Christentum inmitten der Säkularität. Religionsanaloge pastorale Angebote im Bistum Erfurt; in: Pastoral im Umbau, HK Spezial 1/2011, 43–47, 43.

[14] *Zollitsch,* Gott erfahren in einer säkularen Welt, a. a. O., 28.

[15] *Widl,* Christentum inmitten der Säkularität, a. a. O., 44.

[16] *Peter-Hans Kolvenbach:* Spiritualität als apostolische Aufgabe; in: *Andreas Schönfeld* (Hg.): Spiritualität im Wandel. Leben aus Gottes Geist, Würzburg 2001, 25–38, 32.

len, dass manche Menschen „ihr Bedürfnis nach Transzendierungserfahrungen auf völlig säkulare Weise befriedigen".[17] Maria Widl spricht in diesem Zusammenhang von Religionsanaloga – konkret: z. B. Sport, virtuelle Welten, Wissenschaft, Freunde, Musik, Süchte und auch Gewalt; in Ostdeutschland besonders die Familie, die exakten Wissenschaften und der Pragmatismus des kleinen, alltäglichen Glücks.[18] Diese *Religionsanaloga* erfüllen alle Funktionen von Religion, nach Franz-Xaver Kaufmann Identitätsstiftung, Handlungsführung, Sozialintegration, Kontingenzbewältigung, Kosmisierung und Weltdistanzierung.[19] Damit geht die „Grundbestimmung des Menschseins, ehedem umfassend in Christentum und Kirche als Religion abgedeckt, ... völlig in die Selbstbestimmung des Menschen und die Selbstkonstruktion der Kultur über".[20] Auf diese säkulare Weise können „Menschen ... mit den Wechselfällen des Lebens durchaus pragmatisch umgehen, ohne auf das Konstrukt einer Religion zurückgreifen zu müssen. Im Osten Deutschlands tun sie dies nachweisbar und ohne dabei unglücklicher oder unmoralischer zu sein als im Westen".[21] Nicht-Christen sind „davon überzeugt, dass sie anständig leben können, ohne Christen zu sein".[22] In dieser Situation findet Mission statt, die nun in ihrem Verhältnis zur Ökumene beleuchtet werden soll.

2. Eine missionarische Ökumene

Im Kern gehörten „Weltmission und Ökumene... von Anfang an wie zwei siamesische Zwillinge zusammen", so Walter Kardinal Kasper[23] mit Verweis auf die Internationale Missionskonferenz in Edinburgh im Jahr 1910, die den eigentlichen Startpunkt der ökumenischen Bewegung darstellt. Doch zunächst noch einen Schritt weiter zurück: Die Kirche ist bekanntlich kein Selbstzweck. Sie ist Sakrament, d. h. „Zeichen und Werkzeug für die innigste Vereinigung mit Gott wie für die Einheit der ganzen

---

[17] *Widl,* Christentum inmitten der Säkularität, a. a. O., 44.

[18] Ebd., 45.

[19] Ebd., 44.

[20] *Maria Widl:* Zwischen Religionslosigkeit und Rekonfessionalisierung. Einige Schlaglichter einer religionssoziologischen Analyse; in: Theo-Web. Zeitschrift für Religionspädagogik 13 (2/2014), 27–34, 32.

[21] Ebd., 31.

[22] *Pastoraler Arbeitskreis des Bistums Magdeburg* (Hg.): Aussteigen – Umsteigen – Einsteigen. Ein Kursbuch für den Dialog mit Nichtchristen, Magdeburg 1997, 12.

[23] *Walter Kasper:* Ökumene vor neuen Herausforderungen; in: zur debatte 37 (2007), 1–4, 1.

Menschheit" (*Lumen gentium* 1). „Sie ist nicht das Heil, sie ist nicht identisch mit dem Reich Gottes als dem Inbegriff dessen, was Gottes Heil für
die Welt bedeutet, sondern sie ist dessen Zeichen und Werkzeug und sie
bleibt es in ihrer gesamten pilgernden Existenz."[24] Kirche ist also nicht allein für sich verantwortlich, sondern geht notwendigerweise immer über
sich selbst hinaus. Sie ist von und mit Jesus gesandt, „den Armen eine gute
Nachricht zu bringen; den Gefangenen die Entlassung zu verkünden und
den Blinden das Augenlicht; die Zerschlagenen in Freiheit zu setzen und
ein Gnadenjahr des Herrn auszurufen" (Lk 4,18 f). Im Sinne ihrer Pro-Exis-
tenz muss die Kirche im Anschluss an ihren Herrn das auf verschiedenste
Art und Weise bedrohte Leben zum Ausgangspunkt aller Sendung nehmen.

Analog ist auch Ökumene kein Selbstzweck. Die oftmals bemühte
Schriftstelle im hohepriesterlichen Gebet Jesu: „Alle sollen eins sein ..., damit die Welt glaubt ... (und) erkennt , dass du mich gesandt hast und die
Meinen ebenso geliebt hast wie mich" (Joh 17,21) zeigt die Stoßrichtung
an.[25] Mission und Ökumene sind so in der Sache untrennbar verbunden,
und es verwundert nicht, dass sie ähnliche Charakteristika aufweisen: Die
Kirche ist, so das Zweite Vatikanische Konzil, *in ihrem Wesen* missionarisch (*Ad Gentes* 2) – eine Beschreibung, die auch für die Ökumene immer wieder zu finden ist: Ökumene ist „nicht bloß irgendein ‚Anhängsel'
..., das der traditionellen Tätigkeit der Kirche angefügt wird", sondern gehört „im Gegenteil ... organisch zu ihrem Leben und Wirken" (*Ut unum
sint* 20). Die Ökumene wird in der Verordnung *Unitatis Redintegratio* als
„eine der Hauptaufgaben" des Konzils bezeichnet (UR 1). Wie die Mission
ist auch die Ökumene nicht zu ‚machen', sondern bleibt Gabe und Geschenk Gottes. Auch die notwendigen Haltungen sind die gleichen, v. a.
die Umkehr (*Unitatis Redintegratio* 7: „Es gibt keinen echten Ökumenismus ohne innere Bekehrung"; *Evangelii nuntiandi* 15: „Die Kirche, Trägerin der Evangelisierung, beginnt damit, sich selbst zu evangelisieren.") – es
geht um Erneuerung und wechselseitiges Lernen. So soll die „ungläubig
und Gott abgewandte Welt ... durch die Einheit und Liebe der Glaubenden
zur Erkenntnis Jesu gelangen".[26] Eberhard Tiefensee hat allerdings darauf
aufmerksam gemacht, dass das „Einheitsgebot ... vom Sendungsauftrag regiert [wird]; die siamesischen Zwillinge sind von daher nicht gleichran-

[24] *Burkhard Neumann:* „Sie sollen eins sein, damit die Welt glaubt!". Ökumenische Über-
      legungen im Blick auf eine missionarische Pastoral; in: ThG 54 (2011), 14–26, 16.
[25] Vgl. *Michael Kappes/Johannes Oeldemann* (Hg.): Ökumenisch weitergehen! Die Im-
      pulse des Zweiten Vatikanischen Konzils aufnehmen und weiterführen, Leipzig 2014.
[26] *Gerhard Feige:* Für mehr Einheit unter den Christen; in: *ders.:* Auf ökumenischer Spur.
      Studien – Artikel – Predigten, Münster 2011, 231–240, 236.

gig."[27] Aber auch wenn eine Rangfolge zu konstatieren ist, so ist doch klar, dass Mission nicht mehr ohne Ökumene zu denken ist: „[M]an muss sich immer klar machen, die konfessionelle Unterschiedenheit im Protestantismus oder auch im Verhältnis zur katholischen Kirche ist für die, die drin stecken, also für die Insider, wunderbar, farbenprächtig und bunt. ... Für die, die das von außen sehen, ist das nicht bunt, sondern verwirrend."[28]

Von entscheidender Bedeutung ist insgesamt, dass die Spaltung „ganz offenbar dem Willen Christi [widerspricht], sie ist ein Ärgernis für die Welt und ein Schaden für die heilige Sache der Verkündigung des Evangeliums vor allen Geschöpfen" (*Unitatis Redintegratio* 1). Der Skandal der Spaltung „verschließt vielen den Zugang zum Glauben" (*Ad Gentes* 6). Es geht in unserem säkularen Zeitalter daher weniger darum, dass es irgendwo katholischer, protestantischer, freikirchlicher oder orthodoxer wird, sondern darum dass Säkularität insgesamt als Herausforderung und Chance der Christen angegangen werden muss.

Damit wird die ökumenische Frage zu einer Überlebensfrage des Glaubens in der säkularen Gesellschaft. Das Christentum wird in Zukunft nur dann als Gesprächspartner ernst genommen werden, „wenn die Grundmelodie des Christlichen klar und profiliert zu vernehmen ist".[29] Aber dafür muss sie sich „als eine einheitliche christliche Kirche" präsentieren".[30] Deshalb kann es überhaupt keine Alternative zu einer „missionarischen Ökumene"[31] geben. Kirchen müssen angesichts der Herausforderungen der säkularen Gesellschaft ihre Einigung entschieden vorantreiben und nicht

---

[27]   *Eberhard Tiefensee:* Ökumene mit Atheisten und religiös Indifferenten; in: εϋangel 2/2015.

[28]   *Axel Noack:* Wo ist aus Sicht der Kirche „außen"?; in: *Ulrich Laepple/Volker Rosche* (Hg.): Die so genannten Konfessionslosen und die Mission der Kirche, Neukirchen-Vluyn 2007, 127–139, 137 f.

[29]   *Joachim Wanke:* Reformation damals – Kirche heute. Überlegungen zum 500. Reformationsjubiläum 2017 aus katholischer Sicht (Vortrag gehalten am 23.06.2010 in Eisenach), (2010b); siehe: www.bistum-erfurt.de/front_content.php?idart=16482 (aufgerufen am 09.08.2016).

[30]   Ebd.

[31]   Vgl. dazu v. a. den Studienprozess der Arbeitsgemeinschaft Christlicher Kirchen (ACK)/ Ev. Missionswerk (EMW)/missio: „Aufbruch zu einer missionarischen Ökumene". Die Arbeitsgemeinschaft Christlicher Kirchen (ACK) hat im Jahr 2002 das Papier „Unser gemeinsamer Auftrag: Mission und Evangelisation in Deutschland" an ihre Mitglieds- und Gastkirchen gerichtet. Dort heißt es: In dem Konsultationsprozess „ist deutlich geworden: der Aufbruch zu einer missionarischen Ökumene ist nötig und mehr Gemeinsamkeit in unserem missionarischen Tun ist möglich". Vgl. daneben: *Kappes/Oeldemann* (Hg.): Ökumenisch weitergehen!, a. a. O.

gegeneinander handeln, denn „[v]ereint wäre die Christenheit ohne Zweifel glaubwürdiger und wirksamer als in ihrem jetzigen Zustand".[32]

Hier stellen sich aber natürlich Fragen: Grundsätzlich beispielsweise, ob eine Einheit wirklich gewollt wird, oder ob Mission unterschwellig nicht doch auf Kosten der anderen, zum Teil in einer Profilierung gegeneinander geschieht. Damit einher geht die Frage möglicher ökumenischer Stellvertretung: „Ökumene und Mission zusammenzudenken meint: Wenn ich nicht sagen kann, es ist mir hundertmal lieber, dass ein Kind im Religionsunterricht katholisch wird, als dass es ‚Heide' bleibt, dann soll ich nicht mehr von Ökumene reden", so der ehemalige evangelische Bischof von Magdeburg Axel Noack.[33]

Eine weitere Frage wäre die nach der soteriologischen Begründung der Mission. Die Katholische Kirche hat sich im Zweiten Vatikanischen Konzil zum allgemeinen Heilswillen Gottes und zu einer Heilsmöglichkeit der Nichtchristen bekannt (*Lumen Gentium* 16). Gottes Heil gilt allen Menschen, und es kann zu ihnen gelangen auf Wegen, die nur er kennt. Ohne die Wirklichkeit der Sünde ausblenden zu wollen, steht damit auch die gesamte Schöpfung „unter dem Horizont der Gnade" (W. Kasper). Welt und Kirche stehen nach katholischem Verständnis also in einem Verhältnis existentieller Solidarität: „Hilfsbedürftig vor Gott sind alle Menschen. Aber uns Glaubenden hat Gott die Gnade geschenkt, dass wir 1. unsere Hilfsbedürftigkeit einsehen und vor allem 2. wissen, woher uns Hilfe kommen kann."[34] Diese Voraussetzungen werden jedoch nicht von allen ökumenischen Partnern geteilt, so dass Walter Klaiber, der langjährige Vorsitzende der ACK in Deutschland, einmal davon gesprochen hat, dass sich an der „soteriologischen Begründung der Mission ... im evangelischen Bereich die Geister" scheiden.[35]

3. Pastorale Handlungsoptionen

Die säkulare Welt ist eine Herausforderung, der die Pastoral nicht mit Rückzug, Eigensicherung oder Kampf begegnen kann. Säkularität sollte verstanden werden „als eine Grundlage des Dialogs, in dem sich Menschen

---

[32] *Gerhard Feige:* Neuer Mut zur Ökumene. Offenherzige Überlegungen angesichts unerwarteter Entwicklungen; in: *Ders.:* Auf ökumenischer Spur. Studien – Artikel – Predigten, Münster 2011, 205–224, 220.

[33] *Noack,* Wo ist aus Sicht der Kirche „außen"?, a. a. O., 137 f.

[34] *Joachim Wanke:* „Bitte keine Werbung einwerfen!" Dürfen Christen heute missionieren?; in: GuL 77 (2004), 321–332, 326.

[35] *Walter Klaiber:* Mission. Die bleibende ökumenische Herausforderung; in: Cath(M) 64 (2010),110–122, 117.

unterschiedlicher weltanschaulicher Bekenntnisse über Ziele und Werte des Zusammenlebens verständigen können, ohne ihr religiöses Zeugnis außen vor zu lassen".[36] Dies hat natürlich Konsequenzen: Bereits Papst Paul VI. wies in seinem Schreiben *Evangelii nuntiandi* darauf hin, dass sich die Kirche zuallererst selbst missioniert und evangelisiert: „Die Kirche, Trägerin der Evangelisierung, beginnt damit, sich selbst zu evangelisieren. Als Gemeinschaft von Gläubigen, als Gemeinschaft gelebter und gepredigter Hoffnung, als Gemeinschaft brüderlicher Liebe muss die Kirche unablässig selbst vernehmen, was sie glauben muss, welches die Gründe ihrer Hoffnung sind und was das neue Gebot der Liebe ist" (*Evangelii nuntiandi* 15).

In einem folgenden Schritt kommen alle Menschen in den Blick: Interessant ist dabei – darauf verweist Eberhard Tiefensee – die jeweils unterschiedliche Stellung zur Gottesfrage (auch wenn die folgende Einteilung in gewisser Weise grob und unzureichend ist): Während *Theisten* die Gottesfrage bejahen („Ich glaube, dass Gott existiert") und *Atheisten* die Gottesfrage verneinen („Ich glaube, dass Gott nicht existiert"), so enthalten sich *Agnostiker* in der Gottesfrage. Von *Areligiösen* wird die Gottesfrage nicht verstanden, sie erscheint ihnen „sinnlos". Sie sollen ein wenig näher beleuchtet werden, da die Gruppe der „religiös Unmusikalischen" oder „religiös Indifferenten", der „Konfessionslosen" von großer Bedeutung ist. Es scheint, sie haben vergessen, dass sie Gott vergessen haben. Sie sind „Unberührte", nicht „Entfremdete". Beispielhaft kann dafür die oft zitierte Antwort einer Umfrage vom Leipziger Hauptbahnhof auf die Frage, ob man entweder christlich oder atheistisch sei, genannt werden: „Weder noch, normal halt." Bei dieser Gruppe ist jedoch festzustellen, dass es keinen außergewöhnlichen Verfall der Wertevorstellungen gibt. Auch hat sich eine stabile Feierkultur etabliert und sogar „Grenzsituationen" bieten kaum Anlass zur Umkehr. Aus kirchlicher Perspektive muss hier also konstatiert werden, dass es sich anscheinend auch ohne Gott gut leben lässt.[37] Die theologische These der Religiosität als anthropologische Konstante lässt sich religionssoziologisch nicht immer erhärten. Vielleicht birgt die Annahme einer anthropologischen Konstante auch Gefahren für Religion und Kirche, denn der Trost, dass die „verlorenen Schäfchen" an und für sich noch religiös sind – und damit zumindest potentiell vielleicht auch wieder

---

[36] *Hubertus Schönemann:* Editorial; in: εύangel 3/2013.
[37] Vgl. insgesamt dazu *Eberhard Tiefensee:* Christsein in säkularer Umgebung; in: Religion unterrichten. Informationen für Religionslehrer_innen im Bistum Hildesheim (September 2/2015), 3–6.

zurückkehren, scheint angesichts des rasanten sozialen und kulturellen Wandels eine gefährliche Hoffnung.

Entscheidend für die Grundhaltung erscheint die Frage, ob beim Thema Mission mit einem *Defizienzmodell* oder *Alteritätsmodell* gearbeitet wird. Das Defizienzmodell ist eher normativ und fragt, was beim Anderen *fehlt* bzw. *ausfällt.* Es ist „das sowohl biblisch, eschatologisch wie auch wahrheitstheoretisch … am besten begründete. Mission … ist so gesehen zumindest als Therapie oder Belehrung zu interpretieren, wenn nicht sogar als ‚Gericht' über das defiziente oder falsche Menschsein".[38] Das eher deskriptive Alteritätsmodell fragt dagegen, was beim Anderen *anders* ist. Damit entspricht es mehr der heutigen Differenz- und Pluralitätserfahrung, ist weniger auf Überzeugung und Belehrung, als auf Dialog und eine gemeinsame Suche angelegt. Es wertet den Anderen nicht ab und beschreibt ihn nicht als defizitär, sondern schlicht als anders. Tiefensee plädiert daher verständlicherweise für eine Relativierung, wenn nicht Überwindung dieses Defizienzmodells.

Biblisch können beiden Modellen Gleichnisse zugeordnet werden: Während das Gleichnis vom Sämann (vgl. Mk 4,3–9) eher dem Defizienzmodell entspricht, kann das Gleichnis vom Gastmahl (vgl. z. B. Lk 14,15–24) eher dem Alteritätsmodell zugeordnet werden. Bezeichnenderweise haben beide Gleichnisse Eingang in das Schreiben der Deutschen Bischöfe *„Zeit zur Aussaat. Missionarisch Kirche sein"* (2000) Eingang gefunden. Das Gleichnis vom Sämann prägt den Grundtext des Schreibens, das Gleichnis vom Gastmahl den unüblicherweise angehängten „Brief eines Bischofs aus den neuen Bundesländern über den Missionsauftrag der Kirche für Deutschland" von Joachim Wanke,[39] in dessen Perspektive der „Zielpunkt missionarischen Bemühens … eher das Fest … [erscheint] als ein quantifizierbarer und ständig bedrohter Ernteerfolg".[40]

Für eine missionarische Pastoral bedeutet dies: Vorsichtige Neugier statt Aggressivität; „Kernkompetenz" (Wie und warum glaubt ihr an Gott? Wozu seid ihr als Christen eigentlich gut? Was bringt das Christentum?) statt Kirchen-Interna (Zölibat, Frauenpriestertum, Kommunionempfang geschiedener Wiederverheirateter etc.) und „Neuland" statt „Rückeroberun-

---

38 *Eberhard Tiefensee:* Mission angesichts religiöser Indifferenz; in: Texte aus der VELKD, Nr. 159 (November 2011), 7–17, 14.

39 *Joachim Wanke:* Brief eines Bischofs aus den neuen Bundesländern über den Missionsauftrag der Kirche für Deutschland; in: *Sekretariat der Deutschen Bischofskonferenz* (Hg.): „Zeit zur Aussaat" – Missionarisch Kirche sein (Die deutschen Bischöfe 68), Bonn 2000, 35–42.

40 *Tiefensee,* Mission angesichts religiöser Indifferenz, a. a. O., 15.

gen". Tiefensee spricht beim letzten Punkt von „explorativer Mission", „deren Ziel es nicht sein kann, ihr Operationsgebiet ‚religiöse Indifferenz' zum Verschwinden zu bringen, sondern mit einem fast ethnologisch zu nennenden Interesse zunächst die Andersheit des Anderen wahrzunehmen und dann in der Selbstreflexion je neu zum Kern des Eigenen vorzustoßen".[41] Konkret hieße dies: den Glauben vorschlagen, sich jede Nostalgie verbieten, Machtfragen und Verlustängste beachten, neue Geistesverwandtschaften entdecken, mehr miteinander als übereinander reden, Respekt vor der Andersheit der Anderen, „neutralen" Boden suchen und die eigene Veränderungsbereitschaft im Blick zu behalten. Das bereits genannte Dokument „Zeit zur Aussaat" beschreibt darüber hinaus eine missionarische Spiritualität, die sich durch ein demütiges Selbstbewusstsein, Gelassenheit und Gebet auszeichnet. Im Blick auf Wege missionarischer Verkündigung wird man sich immer der vorrangigen Bedeutung des gelebten Zeugnisses und des persönlichen Kontakts bewusst sein müssen. Für das Zeugnis des Wortes werden die Bereitschaft zum Zeugnis, eine Auskunftsfähigkeit und Sprachfähigkeit unverzichtbar sein.

Konkrete Beispiele einer missionarischen Ökumene finden sich vielfach. Eine recht verstandene Ökumene sollte ja weder Diplomatie noch Technik sein, sondern vielmehr „die Kunst Misstrauen zu überwinden, Vertrauen aufzubauen, Freunde zu gewinnen und Freundschaften zu stiften".[42] In diesem Sinne muss die Kluft zwischen der theologischen, hochoffiziellen und der basisnahen Ökumene überwunden werden. Oft ist aber auch eine fehlende existentielle Betroffenheit in ökumenischen Fragen festzustellen, die darauf schließen lässt, dass der Skandal einer gespaltenen Christenheit vielen nicht „unter die Haut" geht (Gerhard Feige). Alle ökumenische Arbeit muss zudem vom ökumenischen Fundamentalprinzip getragen sein: „Einheit im Notwendigen, Freiheit im Zweifelhaften und Liebe in allem."[43] In diesem Sinne soll nur stichwortartig verwiesen sein auf:
– den Studienprozess der Arbeitsgemeinschaft Christlicher Kirchen/ Evangelisches Missionswerk/missio: „Aufbruch zu einer missionarischen Ökumene";
– die Charta Oecumenica, deren zweiter Abschnitt mit dem Leitsatz beginnt: „Die wichtigste Aufgabe der Kirchen in Europa ist es, ge-

---

[41] Tiefensee, Christsein in säkularer Umgebung, a. a. O., 5.
[42] Walter Kasper: Bericht über Vortrag von Walter Kasper auf der Tagung der „Initiative Christlicher Orient" (ICO) in Salzburg 2009; in: St. Georgsblatt 9–10/2009 (24. Jg.), 2– 4; siehe: www.sg.org.tr/fileadmin/daten/stgeorgsblatt/2009/september-oktober/GB_ 2009_0910.pdf (aufgerufen am 09.08.2016).
[43] Kurt Koch: Gelähmte Ökumene. Was jetzt zu tun ist, Freiburg 1991, 50.

meinsam das Evangelium durch Wort und Tat für das Heil aller Menschen zu verkündigen.";

– den 2011 veröffentlichten Verhaltenskodex „*Christliches Zeugnis in einer multireligiösen Welt*", der v. a. durch seine Unterzeichner, den Ökumenischen Rat der Kirchen, die Weltweite Evangelische Allianz (WEA) und die römisch-katholische Kirche einen Meilenstein darstellt;

– die ökumenische Zusammenarbeit auf dem *karitativ-diakonischen Feld*, sowie auf der *gesellschaftlichen, politischen Ebene;*

– das gemeinsame Lernen der christlichen Kirchen für ihr missionarisches Wirken, wie z. B. der Prozess „*Kirche*²" und „*Fresh Expressions of Church";*

– gemeinsame *Gottesdienste* zu wichtigen Anlässen, wie z. B. anlässlich von Trauerfeiern nach Großkatastrophen (wie dem Amoklauf am Erfurter Gutenberg-Gymnasium vom April 2002 oder den liturgischen Feiern anlässlich des Germanwings-Flugzeugabsturzes vom März 2015) und den Friedensgebeten im Herbst 1989.

Diese Aufzählung ließe sich noch um zahlreiche weitere Beispiele ergänzen, doch soll nicht verschwiegen werden, dass im Bereich der Verkündigung und der Katechese der Weg bisweilen noch recht schwierig ist. Hier braucht es ein noch stärkeres Bewusstsein dafür, dass eine missionarische Pastoral nur im ökumenischen Frieden geschehen kann.

4. Schluss

Die Herausforderung einer ökumenisch bestimmten missionarischen Kirche in säkularer Gesellschaft stellt auf radikale Weise die Frage, warum und wozu die Kirche eigentlich da ist? Nach Lothar Ullrich leistet sie samt ihren Ämtern und konkreten Strukturen „den notwendigen Dienst am heilsnotwendigen Evangelium".[44] Dabei ist es ihr aber nicht verheißen, Mehrheitskirche zu sein oder werden zu müssen bzw. zu bleiben: „Dagegen steht schon unser Auftrag, von Umkehr und Kreuzesnachfolge zu sprechen. Aber ... [die Kirche] soll ‚Sauerteig-Kirche' sein, Gemeinschaft der ‚Reich-Gottes-Anwärter', die über der Gesellschaft den Himmel Gottes of-

---

[44] Zit. n. *Joachim Wanke:* „Auskunftsfähig für das Evangelium"; (Dankrede des ausgezeichneten Altbischofs zur Verleihung des Ökumenepreises der Katholischen Akademie Bayern 2013); siehe: www.bistum-erfurt.de/aktuelles/altbischof-wanke-predigten-und-vortraege/archiv-altbischof-2013/dankwort-wanke-zum-oekumenepreis.html (aufgerufen am 09.08.2016).

fen hält, eine Schar von Betern, die stellvertretend vor Gott ‚für die vielen' eintritt".[45] Salz ist bekanntlich kein Grundnahrungsmittel.[46] Auch der Sauerteig durchwirkt den Rest, ist aber nicht alles. So kann die Kirche Salz der Erde und Sauerteig für die Menschen sein, auch als Minderheit. Im Bistum Magdeburg wird beispielsweise immer wieder von der „schöpferischen Minderheit" gesprochen, die diesem Kirchesein entspricht. „Normalfall" von Kirche ist eher die Existenz als Missionskirche, während volkskirchliche Strukturen die Kirche bisweilen auch am Erfolg der eigenen Verkündigung ersticken lassen. So hat Bischof Feige das Wort von der Entwicklung „von einer Volkskirche zur Kirche des Volkes Gottes hin" geprägt.[47] Auch das Papier „Gemeinsam Kirche sein" der Deutschen Bischöfe aus dem Jahr 2015 ist ein solches Plädoyer für den „Weg von der Volkskirche zu einer Kirche des Volkes Gottes".

Das bedeutet selbstverständlich auch, dass sich die Christen nicht als „heiligen Rest" betrachten dürfen, sondern als „eine Gemeinschaft von entschiedenen und dialogbereiten Gläubigen, die sich einer pluralen Gesellschaft stellen und fest daran glauben, dass diese Situation alles bereit hält, um den Glauben frohen Herzens zu leben und zu verkünden?"[48] Abkapseln ist keine Lösung, sondern sich „ökumenisch aufgeschlossen ... als geschwisterliche Gemeinschaft von entschiedenen und dialogbereiten Gläubigen kritisch und konstruktiv dem Pluralismus stellen und Gesellschaft mit zu gestalten".[49] In Zukunft werden wir weniger Volkskirche, sondern eine „Missionskirche neueren Typs" (J. Wanke) sein, die als schöpferische Minderheit allen Menschen Anteil an der Hoffnung gibt, die uns in Jesus Christus geschenkt ist – und das in einem ökumenischen Geist! Die neuen Gestalten von Kirche werden vielfältige „Biotope des Glaubens" und „Räume erfahrbarer Gnade" sein, die weniger überschaubar, weniger auf Dauer angelegt und nicht mit einem Alleinvertretungsanspruch ausgestattet sein werden. Vielmehr wird sie Gastfreundlichkeit, Anonymität und

---

[45]   *Wanke,* Haben Katholiken am Reformationsjubiläum 2017 etwas zu feiern?, a. a. O.
[46]   Vgl. *Eberhard Jüngel:* Reden für die Stadt. Zum Verhältnis von Christengemeinde und Bürgergemeinde, München 1978, 22 f.
[47]   *Gerhard Feige:* Dialogisch Kirche sein. Hirtenbrief zur österlichen Bußzeit 2011; in: *Ders.:* Auf ökumenischer Spur. Studien – Artikel – Predigten, Münster 2011, 355–359, 358.
[48]   *Gerhard Feige:* Winterdienst oder Frühjahrsputz? Herausforderungen und Chancen der Gemeinden in kirchlichen und gesellschaftlichen Umbrüchen; in: *Ders.:* Auf ökumenischer Spur. Studien – Artikel – Predigten, Münster 2011, 325–331, 330 f.
[49]   *Gerhard Feige:* „Geschlossene Gesellschaft" oder „schöpferische Minderheit"? Herausforderungen und Chancen im Bistum Magdeburg; in: Diakonia 45 (2014), 237–244, 244.

Spontanität prägen.[50] Aber dafür braucht es einen langen Atem und eine „symphonische Ökumene, ... nicht der Konkurrenz, sondern eine Ökumene der Synergie im gemeinsamen Zeugnis – zu der uns ja letztlich auch das Gebet Jesu in Johannes 17 einlädt: ‚Alle sollen eins sein..., damit die Welt glaube, dass Du, Vater, mich gesandt hast.'".[51] Wer von Mission reden will, muss die Ökumene immer im Blick haben.

---

[50] *Rainer Bucher*: Das Ende der Überschaubarkeit. Perspektiven einer zukünftigen Sozialgestalt von Kirche; in: HK Spezial 1/2011, ó–10.
[51] *Wanke*, Auskunftsfähig, a. a. O. (Anm. 44).

Von Grenzgängen und Brückenbauten

40 Jahre Evangelisches Missionswerk in Deutschland (EMW)

2015 – ein vielfach bewegtes Jahr: Die Flucht hunderttausender Menschen vor Krieg und Verfolgung verändert auch religiöse Landschaften, der „Pilgerweg der Gerechtigkeit und des Friedens" macht nicht nur in Paris bemerkbar Station, Kirchen in Deutschland befassen sich mit den Auswirkungen der Reformation auf die Eine Welt und die Vorbereitungen für eine nächste Weltmissionskonferenz in Afrika werden konkreter.

Verglichen mit diesen und anderen gewichtigen Vorgängen dieses Jahres wird man den 40. Geburtstag des Evangelischen Missionswerkes in Deutschland e.V. (EMW) durchaus als eher randständiges Geschehen einzustufen haben. Aus der Perspektive der daran Beteiligten ist es jedoch kaum übertrieben, von einem „Ökumenischen Ereignis" zu sprechen. Dessen Debatten-Erträge weisen – so die Einschätzung des allerdings etwas befangenen Autors – über den konkreten Anlass hinaus auf Herausforderungen für die weltweite ökumenische Bewegung. Es sei kritischer Lektüre gern anheimgestellt, die Haltbarkeit dieser These zu überprüfen.[1]

Zunächst werden Erträge von zwei Hauptveranstaltungen beschrieben, gefolgt von einer Jubiläumsbuch-Anzeige und Ausblicken auf kommende Jahre.

---

[1] Die folgenden Beobachtungen greifen auf zwei bereits vorliegende Texte zurück: *Christoph Anders:* 40 Jahre EMW. Ein Rückblick; in: *EMW und VEMK* (Hg.): Zuflucht Europa. Wenn aus Fremden Nachbarn werden (Jahrbuch Mission 2016), Hamburg 2016, 169–177. *Ders.:* 40 Jahre EMW – ein Rückblick; in: Interkulturelle Theologie 42 (1/2016), Leipzig/Basel 2016, 126–134. Als erstes Ergebnis des Jubiläums ist ein Sammelband erschienen, auf den im Folgenden verschiedentlich hingewiesen wird: *EMW* (Hg.): „Ein *Geschenk* an die weltweite Kirche". 40 Jahre Evangelisches Missionswerk in Deutschland, Stimmen aus der Ökumene, Hamburg 2015.

Veranstaltungen in Hamburg und Herrnhut

Am 18. Juni 2015 nahmen über 100 Menschen an einer festlichen Abendveranstaltung im Ökumenischen Zentrum Hafencity (Hamburg) teil. Zu den Gästen zählten Repräsentanten/innen von Partner-Organisationen aus allen Kontinenten und den kirchlichen Weltbünden, Vertreter/innen von EMW-Mitgliedern sowie Weggefährten/innen aus Ökumene und Mission. Brisante Fragen nach der ambivalenten Rolle von Religionen in verschiedenen Gesellschaften nahm Fernando Enns[2] in seinem Vortrag auf: „Gottes Wille für die Welt ist Vielfalt – das lehren die Schöpfungsberichte der Bibel. Wenn Religion Uniformierung will oder Alleinvertretung beansprucht, wird sie genau an dieser Kreativität des Lebens vorbei gehen und zum Fluch werden, weil sie im Legalismus enden muss."[3]

In Interviewrunden beschrieben ökumenische Gäste ihren Einsatz für Frieden und Versöhnung und die hohe Bedeutung der Sorgen um das versöhnende Potential von Religionen. So betonte Father Dr. Michael Jalakh (Generalsekretär des Mittelöstlichen Kirchenrates, MECC) im Blick auf die Bedeutung des interreligiösen Dialogs im Mittleren Osten: "(…) we now have a paradigm shift from ecumenical dialogue to interreligious dialogue of Christianity and Islam which I think is the most important now: How can we achieve to live together? How can we achieve that especially together with the moderate Muslims because they are suffering as much as Christians."[4]

Am nächsten Tag fand ein „Internationaler ökumenischer Studientag der offenen Tür" in der EMW-Geschäftsstelle statt. 100 Geschwister aus ökumenischen Zusammenschlüssen, Mitarbeitende aus den Stäben von Mitgliedskirchen und Werken, aus befreundeten Organisationen und nicht zuletzt dem EMW füllten Büros und Sitzungsräume des Hauses. Zehn Workshops und ein Podium befassten sich u. a. mit der Frage, wie sich gegenwärtige Strukturen der ökumenischen Bewegung zu tiefgreifenden Transformationen innerhalb der Weltchristenheit verhalten. Ein Ausgangspunkt war dabei die Beobachtung, dass verschiedene ökumenische Organisationen auf aktuelle Komplexitäten kaum angemessen reagieren können,

---

[2] *Fernando Enns* ist Professor für (Friedens-)Theologie und Ethik an der Theologischen Fakultät der Vrije Universiteit Amsterdam und Inhaber der Stiftungsdozentur der Arbeitsstelle „Theologie der Friedenskirchen" am Fachbereich Evangelische Theologie der Universität Hamburg sowie Mitglied des ÖRK-Zentralausschusses.

[3] *Fernando Enns:* „Gesellschaft(en) ohne Religion – Traum oder Alptraum?"; in: EMW, Geschenk, 13–20, hier: 19.

[4] *Michael Jalakh:* Gesprächsrunde mit EMW-Partnern; in: EMW, Geschenk, 24.

weil sich die Situationen von Mitgliedskirchen, deren Theologien und Vorstellungen von Ökumene grundlegend unterscheiden.[5] Die anwesenden Repräsentanten/innen aus der Ökumene waren sich indes einig, dass es einstweilen kaum Alternativen zu diesen etablierten Strukturen gibt. Trotz aller Reformbedarfe ermöglichen allein sie, drängende gesellschaftspolitische Fragen gemeinsam anzugehen.

Zusammenfassend heißt es hierzu: „Als vereinzelte wären die Kirchen in den heftigen aktuellen Auseinandersetzungen weiter geschwächt. Sie könnten Bedrohungen kaum begegnen und würden zudem Chancen verschenken, sich kräftig und fokussiert den entscheidenden Herausforderungen zu stellen. Nur durch Zusammenarbeit können sie in ihren Gesellschaften transformierend, bisweilen sogar für andere Religionen richtungsweisend wirken."[6] Von herausragender Bedeutung für ein gelingendes Zusammenleben verschiedener Religionen bleiben Programme theologischer (Aus-)Bildung und Qualifizierung. Dies gilt besonders für Menschen in kirchenleitenden Positionen, um eine weit verbreitete „geteilte Unwissenheit voneinander" mit reflexartigen Ablehnungen überwinden zu können.[7] „Lernbereitschaft" erweist sich erneut als Schlüsselbegriff. So sei etwa im Umgang mit Transparenz und Korruptionsvermeidung Differenzierung zu lernen. Könnte es sein, dass angesichts der vorfindlichen Gegebenheiten eher mit Korruption als gegen diese gearbeitet werden müsste? Wie kann mit und in Grauzonen sinnvoll gearbeitet und zugleich der Überblick behalten werden, um Vorwerfbares von Hinnehmbarem, noch Akzeptablem zu trennen?

Die gleichzeitige Anwesenheit der Generalsekretäre Dr. Olav Fykse Tveit (ÖRK), Dr. Martin Junge (LWB) und Pfarrer Chris Ferguson (WGRK) machte auch die Mitgliederversammlung (MV) des EMW im Jubiläumsjahr zu einem ökumenischen Ereignis. Sie fand an historischem Ort in Herrnhut (23.–25.9.) statt und stand unter dem programmatischen Titel „oEkumenisch-Multilateral-Weltweit". Die Gäste stellten aus der Sicht ihrer Or-

---

[5] Wo solche Schwächen beklagt werden, sind mitunter auch kritische Fragen zu hören, inwieweit das EMW weiterhin Ressourcen in den Erhalt solcher Strukturen lenken sollte.

[6] *Christoph Anders:* Globaler ökumenischer Dialog im Normannenweg; in: *EMW,* Geschenk, 56–59, hier: 57.

[7] *EMW,* Geschenk, 58.

ganisationen Veränderungen in der Weltchristenheit dar und verorteten darin die Kooperation mit dem EMW.[8]

Olav Fykse Tveit verknüpfte ein Motto der ersten ÖRK-Vollversammlung (Amsterdam 1948, "We are committed to STAY together") mit der Einsicht der 10. Vollversammlung (Busan 2013, "We are committed to MOVE together") und dem „Pilgerweg der Gerechtigkeit und des Friedens". Dieses Pilgern als Bewegung im Glauben und des Glaubens sei etwas, das Menschen und Kirchen vereint, sie mit begründeter Hoffnung auf Veränderung in Bewegung setzt. Unterwegssein und Suche nach vertiefter Einheit kommen hier zusammen.

Junge verwies auf das Engagement in Flüchtlingsbewegungen seit der LWB-Gründung (1947) und auf den Umstand, dass weltweit gegenwärtig mehr als 60 Millionen Menschen auf der Flucht seien. Für Kirchen sah er vor allem die Aufgabe, Regierungen an ihre Pflicht zur Solidarität mit den Flüchtlingen zu erinnern. Dabei müssten auch interkulturelle Diskussionen über die Geltung von Werten geführt werden.

Ferguson beschrieb für seine 2010 neu formierte Organisation die vorrangige Aufgabe darin, die kraftvollen reformierten Traditionen zu wahren und zugleich ihre zum Teil abgrenzenden Einstellungen zu überwinden. Dabei komme es auf eine kluge Balance im Einsatz für die Einheit der Gemeinschaft und für weltweite Gerechtigkeit an.

Zusätzlich leuchteten die Gäste aktuelle Konstellationen der Ökumenisch-Theologischen Ausbildung (TA) anhand von Erfahrungen aus Lateinamerika (LA) aus. Beobachtet wurde, dass Beiträge von Repräsentanten/innen indigener Völker zu neuen Artikulationen von Schöpfungstheologie und Pneumatologie führten und pentekostale Kirchen verstärkt die Zusammenarbeit mit ökumenischen Instituten suchten, und die Notwendigkeit bestehe, sich von klassischen Ausbildungsmodellen zu lösen. Erkennbar sei vielerorts eine zunehmende Klerikalisierung von Pastoren/innen und Gottesdiensten, begründet in einer profunden Identitätskrise protestantischer Kirchen in LA. Dies gehe einher mit einem materiellen Verarmungsprozess von Kirchen in LA mit Auswirkungen auch auf die Attraktivität des Pastorenberufs. Starre Institutionalisierung von TA verbunden mit Klerikalisierung sowie Hierarchisierungen seien auch zu werten als Abschottungsversuche vor gegenwärtigen sozialen und politischen Krisen sowie als

---

[8] Eine englischsprachige Dokumentation dieser Veranstaltungen, mit ergänzenden Texten und einer Auswahl von bereits vorgelegten Impulsen erscheint Ende 2016.

Distanzierungen von Bedürftigen. Bestehende Modelle theologischer Ausbildung seien deshalb oft nicht (mehr) angemessen, um notwendige lokale Verortungen und transkontextueller Konstellationen aufeinander zu beziehen.[9] Michael Biehl (Referent für Grundsatzfragen und Theologische Ausbildung im EMW) sah Bildung verstärkt als eine Ware auf einem globalen Markt. Neben der Frage der Akkreditierung von Abschlüssen seien insbesondere E-Learning-Programme zu nennen, die globale Zugänge erlaubten. Das EMW folgt dem Anspruch, fördern und lernen zu wollen, um Einsichten von Partnern auch in andere Regionen vermitteln zu können.

Bei unterschiedlichen Interpretationen der Krisenphänomene bestand unter den Vortragenden Einmütigkeit, dass von Akteuren im Bereich von Ökumenischer Ausbildung, aber auch von der TA-Arbeit des EMW eine hohe Flexibilität erwartet wird, um auf die rasanten Veränderungen angemessen reagieren zu können.

Drei Veranstaltungen, zwei Profile, eine fundamentale Einsicht: Als größtes Geburtstagsgeschenk präsentierten sich die hoch kompetenten Partner/innen aus den Regionen der Welt und die ökumenischen Weggefährten/innen im eigenen Land.

Jubiläumsbuch und Ausblicke

Der bereits erwähnte Jubiläumsband entstand aufgrund der erfreulichen Resonanz auf die Bitte an Partner weltweit, Grußworte oder Impulse über Erfahrungen mit dem EMW beizusteuern. Er verdient hier ausdrückliche Erwähnung, weil einige Einsichten aus der Kooperation mit dem EMW erkennbar auch die Praxis anderer ökumenischer Akteure betreffen. Folgende Aspekte sind hervorzuheben:

Erfahrungen mit einem verlässlich planenden, lernfähigen und wenig bürokratisch agierenden Partner verbinden sich mit dem expliziten Wunsch, dass mögliche oder nötige Veränderungen nicht einseitig dekretiert, sondern miteinander ausgehandelt werden. Nachdrücklich werden Bedeutung und geistliche Dimension von regelmäßigen Besuchen als „das menschliche Antlitz der Partnerschaft" betont. Zum Thema gewünschter

---

[9] Angesichts dieser kritischen Bestandsaufnahme wurden auch Fragen danach gestellt, inwieweit das EMW z. B. durch Stipendienprogramme zur Aufrechterhaltung dieser Strukturen beiträgt.

Gegenseitigkeit wird u. a. gefragt, inwieweit sich das EMW auch gegenüber seinen Partnern als berichtspflichtig ansieht.

Partner betonen, dass hiesige kirchliche Akteure aus den Erfahrungen, die in anderen Weltregionen gemacht wurden, Wichtiges lernen können für die Stärkung von Kirche und Mission in Europa und Deutschland. Für das EMW als Katalysator in ökumenischen Lerngemeinschaften sind dabei besonders die Peripherie-Erfahrungen in seinen Partnernetzen wichtig, die stärker in hiesige Debatten eingebracht werden sollten. Es wird nicht zuerst als entfernte Geberorganisation wahrgenommen, sondern als Gemeinschaft, aus der spezifische missionarische Impulse hervorgehen sollten.

Die Süd-Süd-Kommunikation zwischen den jeweiligen Partnern wird als weiterhin defizitär begriffen, es dominieren bilaterale Süd-Nord-Orientierungen. Das EMW wird deshalb aufgefordert, sein weltweites Partnernetz durch qualifizierten Austausch zu mehr Solidarität zu befähigen und positive Erfahrungen mit anderen als „best practice" zu kommunizieren, um so Plattformen für Erfahrungsaustausch auszubauen.

Einige Partner verstehen sich selbst als „Grenzgänger" und zugleich „Brückenbauer": Um kulturelle Entfremdungen zu überwinden, konfessionelle Grenzen und interreligiöse Vorurteile abzubauen und Transformationen in Kirchen und in der Gesellschaft zu ermöglichen. Grenzgänge und Brückenbau sind riskant und brauchen Geduld, vom EMW als Partner werden weiterhin Risikobereitschaft und langer Atem erwartet.

In Aufnahme dieser Impulse scheinen folgende ergänzende, ausblickende Impulse relevant für den künftigen Weg des EMW – und womöglich auch anderer Akteure der ökumenischen Bewegung:[10]

1. Entwicklungen in der Weltchristenheit sind ebenso dynamisch wie komplex, Migrationsströme verändern religiöse Landschaften, die Verlagerung des Gravitationszentrums der Weltchristenheit in den „Globalen Süden" wird notiert. Wo liegen „Ränder" und „Zentren" heute und künftig? Welche Begrifflichkeit ist hilfreich für intensive Dialoge mit seinen Partnern, um als Ort mit Weltchristenheits-Analyse-Kompetenz wahrgenommen zu werden?

2. Gefragt wird nach dem Ort von anscheinend geschwächten Organisationen der institutionalisierten Ökumene im Kontext der ökumenischen Bewegung. Tritt der Bedarf nach konfessionellen Profilierungen und die

---

[10] Hier greife ich in Auswahl auf modifizierte eigene Thesen zurück, die auch der Mitgliederversammlung vorlagen.

Konzentration auf punktuelles gemeinsames Handeln in lokalen Netzen an die Stelle der Suche nach sichtbarer Einheit? In welchen Konstellationen wird der bleibende Mehrwert institutionalisierter Ökumene erkennbar? Das EMW bleibt einer multilateralen Ökumene verpflichtet, die auch Kooperationspotentiale jenseits bestehender Zusammenschlüsse und kirchenpolitischer Zuschreibungen aufspüren soll. Aufbrüche in unbekannte ökumenische Territorien sind gefragt.

3. Die Weggemeinschaft von Akteuren in Mission und Entwicklung stimmt optimistisch und wird durch diversifizierte Kooperation vertieft. Die wachsende Bedeutung von Religion als Faktor in Entwicklungsprozessen und das verstärkte Engagement von Missionswerken in entwicklungspolitisch relevanten Feldern („Ganzheitliche Mission") drängt nach Konzeptionen komplementären Agierens. Für das EMW ist dabei u. a. zu klären, wie es als Dachverband in diesen Bereichen (Kampagnen- und Lobbyarbeit, Menschenrechtsengagement, Globalisierungsdebatten etc.) künftig zu agieren hat.

4. Krieg, Flucht, Vertreibung machen die Suche nach Wegen zu Frieden, Heilung und Versöhnung drängend. Die Aufgaben von Kirchen und Mission müssen neu ausgelotet werden, weil Religionen vermehrt Potentiale zugeschrieben werden, die Konflikte verschärfen. Mission als „Dienst der Versöhnung" ist – ein Jahrzehnt nach der Weltmissionskonferenz in Athen 2005 und im Blick auf die kommende in Arusha 2018 – erneut zu profilieren. Einsprüche gegen Strukturen der Ungerechtigkeit sind ebenso nötig wie Beschreibungen respektvoller Formen christlichen Zeugnisses in multireligiösen Konstellationen. Erfahrungen von Verwundbarkeit und Heilung müssen aufgenommen und – wie „Gastfreundschaft" – als angemessene Formen missionarischer Präsenz begriffen werden. Gegenüber Positionen, die faktisch alte Vorbehalte perpetuieren, bleibt ein Festhalten am widerständigen Begriff „Mission" ebenso geboten, wie seine angemessene Qualifizierung.

5. Abschließend noch einmal zur Spannung von „Grenzgängen" und „Brückenbau". Beide Begriffe und die damit bezeichneten Handlungsebenen kennzeichnen auch das EMW selbst, das in Deutschland als Dachverband und international als Projektpartner agiert. Dies gilt etwa für das Verhältnis zwischen dem EMW als einem vorwiegend ökumenisch-landeskirchlich geprägten Akteur und evangelikalen Organisationen. Tiefe Gräben sind nach den harten Auseinandersetzungen der Anfangszeit überbrückt. Auch wo Differenzen fortbestehen, wächst Vertrauen durch den Einsatz für gemeinsame Veranstaltungen. Grenzüberschreitendes wird

darin deutlich, dass sich Kontakte und Beziehungen über klassische Räume der Ökumene hinaus geweitet haben. So werden aktive Beziehungen gepflegt zu unabhängigen Kirchen in Afrika sowie Pfingstkirchen und ihren Netzwerken.

Im Umfeld des Jubiläums sind auch die mit dieser Spannung verbundenen Aufgaben deutlich geworden: In der eigenständigen Programm- und Projekt-Kooperation mit einem ausdifferenzierten Partnerspektrum ist besonders das Verhältnis von langfristig-institutioneller und kurzfristig-projektbezogener Zusammenarbeit zu profilieren. Im Blick auf das Agieren als Dachverband im Gegenüber zu und gemeinsam mit seinen deutschen, international aktiven Mitgliedern sind weiterhin informierende, koordinierende und gemeinsames Handeln fördernde Initiativen gefragt.

Den unterschiedlichen Gegenübern ist dieser Doppelcharakter nur ansatzweise bekannt. Er müsste deshalb noch klarer profiliert und kommuniziert werden, um zu verdeutlichen: Durch das EMW entstehen für Partner und Mitglieder Einbindungen in ökumenische Netze, die über ihre eigenen hinausgehen. Die damit gegebenen Verknüpfungspotentiale können bei aktiver Nutzung einen deutlichen Mehrwert für alle Beteiligten erbringen. Dies gilt auch für kommende Jahrzehnte, auf die wir – „vertraut den neuen Wegen!" – dankbar und zuversichtlich zugehen.

Christoph Anders

(Pfarrer Christoph Anders ist Direktor des Evangelischen Missionswerks in Deutschland.)

Eine Einladung zu Reformation – Education – Transformation

Statement der Teilnehmenden der International Twin Consultation[1]

„Die auf den Herren harren kriegen neue Kraft, dass sie auffahren mit Flügeln wie Adler" (Jes 40,31). 500 Jahre nachdem die Reformation in dieser Region ihren Anfang genommen hat, sind wir vom 18.–22. Mai 2016 in Halle (Saale) zusammengekommen, um darüber nachzudenken, wie ihre Einsichten zur Transformation der Welt heute beitragen können. Aus über 40 Ländern der ganzen Welt und aus vielen unterschiedlichen konfessionellen und theologischen Traditionen kamen wir. Erfahrungen gemeinsamer Gebete und Gottesdienste sowie das gemeinsame Nachdenken darüber, wie wir auf das Wort Gottes in unseren heutigen Situationen antworten können, haben uns sehr bereichert. Jeden Tag, wenn wir uns in den Franckeschen Stiftungen in Halle getroffen haben, konnten wir die Worte Jesajas lesen, geschrieben hoch über dem Eingang zum Hauptgebäude, einem früheren Waisenhaus. Sie haben zu uns von Gottes Verheißung einer Transformation von Menschen und Gesellschaften gesprochen.

Hier arbeitete August Hermann Francke, um die Kirche zu erneuern und die Gesellschaft zu verändern. Die Arbeit von Francke und anderen legte den Grund für die Mission in anderen Teilen der Erde, verstanden als ein Mitteilen der Guten Nachricht in Wort und Tat. Dies war eine der Bewegungen, die die Reformation zu einem globalen Prozess machte.

Unser Treffen war die zweite Station unserer „Twin Consultation" als Teil des „Reformation – Education – Transformation" – (R-E-T)-Prozesses, der in São Leopoldo/Brasilien im November 2015 begonnen hatte. In São Leopoldo trafen wir auf eine Situation, die im 19. Jahrhundert von protes-

---

[1] Die „Twin Consultation" ist ein gemeinsames Projekt von Brot für die Welt – Evangelischer Entwicklungsdienst, Evangelisches Missionswerk in Deutschland (EMW), Faculdades EST in São Leopoldo/Brasilien, Franckesche Stiftungen zu Halle, Martin-Luther-Universität Halle-Wittenberg, dem Ökumenischen Rat der Kirchen (ÖRK), dem Lutherischen Weltbund (LWB), der Weltgemeinschaft Reformierter Kirchen (WGRK), der Evangelischen Kirche in Deutschland (EKD) und weiterer Partner. Siehe auch: www.r-e-t.net; www.globethics.net/web/reformation-education-transformation; www.facebook.com/twin.ret (aufgerufen am 08.09.2016).

tantischer Einwanderung gekennzeichnet war. Heute ist die religiöse Landschaft geprägt von einem Übermaß an verschiedensten religiösen Ausdrucksformen. In Halle trafen wir uns im Land der Reformation Martin Luthers und derer, die ihn begleitet haben. Heute gehört diese Gegend zu den Regionen, die weltweit am stärksten säkularisiert sind.

Wir haben gefragt, inwieweit unsere Erfahrungen in São Leopoldo und Halle typische Situationen für jene Regionen reflektieren, die häufig als „Globaler Süden" und „Globaler Norden" bezeichnet werden. Gemeinsam wurde darüber nachgedacht, ob Transformation von der zahlenmäßigen Größe der Kirchen abhängig ist – und auch, wie die Kirchen, in welchen Situationen sie sich auch befinden mögen, zu einem „Leben in seiner Fülle" beitragen.

Eines der Ziele der „Twin Consultation" war es, Herausforderungen und Einsichten aus diesen beiden kontrastierenden Situationen zu kennzeichnen, indem nach der Relevanz reformatorischer Traditionen für das Handeln von Kirchen im öffentlichen Raum gesucht wurde. In einer globalisierten Welt neuer Netzwerke, Nachbarschaften und Nähe haben wir die Möglichkeit, von diesen unterschiedlichen Kontexten zu lernen, befreit von den Engführungen unserer eigenen Territorien.

In Halle haben wir von den Erfahrungen unserer Schwestern und Brüder in dieser Region gehört und möchten weiter davon lernen, wie sie versuchen, reformatorische Traditionen in ihrer Gesellschaft heute zu interpretieren. Dies geschah im Blick darauf, dass auch in einigen anderen Teilen der Welt eine abnehmende Identifizierung mit religiösen Institutionen zu beobachten ist. Wir schauen auf unsere Gemeinden, um Wege zu finden, wie sie Räume der Begegnung für Dialog, Wechselseitigkeit, Stärkung und das Teilen von Geschichten werden können.

Wenn wir nach Inspiration aus der Reformations-Tradition fragen, so möchten wir damit keine triumphalistische Sicht auf die Geschichte verbreiten. Eine zentrale Einsicht der Reformation besteht darin, dass die Gute Nachricht für gegenwärtige Situationen immer neu gefunden werden muss. So wurde uns die Entdeckung transformativer Kräfte der Reformation für heute wichtig: nicht als ein vergangenes Geschehen verstanden, sondern auf die Zukunft gerichtet.

Angesichts der Tatsache, dass wir uns in der Theologischen Fakultät der Martin Luther Universität Halle-Wittenberg auf dem Gelände der Franckeschen Stiftungen befanden, reflektierten wir über die Rolle von Reformations-Traditionen für das Entstehen einer Bildung für Entwicklung und die Transformation von Gesellschaften hier und weltweit. Dabei unterstrichen wir die Rolle des Lernens als aktiven Prozess, fragten nach den Subjekten von Bildung und wie Menschen Erziehende für Veränderung werden können, indem sie Mächten entgegentreten und in Kirche, Gesellschaft und Wirtschaft Räume der Befreiung schaffen. So könnte es durchaus hilfreich sein, die entscheidenden Einsichten von Bildungsexperten wie Paulo Freire in Brasilien und August Hermann Francke in Deutschland im Sinne des „Twin"-Zugangs zu bedenken.

Wir suchen nach kreativen und innovativen Wegen globalen ökumenischen Lernens, interkulturellen Dialogs und transnationaler Partnerschaften zwischen Kirchen unterschiedlicher Traditionen. Gleichzeitig müssen unsere Gemeinden und Kirchen so verändert werden, dass sich Besucher/innen stets willkommen fühlen.

Transformation erfordert die Einbindung des gesamten Volkes Gottes, wo die Stimmen von indigenen Völkern gehört und Frauen als gleichberechtigte Partnerinnen wertgeschätzt werden, wo Theologien gendergerecht werden und unsere Gemeinden zu Gemeinschaften interkultureller Diversität werden, offen für den Dialog und gegenseitige Veränderung. Damit Kirchen zu Akteuren von Transformation werden können, ist Offenheit und Toleranz nötig. Wir müssen Träger der Versöhnung sein, indem wir ein prophetisches Zeugnis abgeben, Menschenwürde verkörpern und gerechte und inklusive Gemeinschaften aufbauen. Gleichwohl wissen wir um die konstante Notwendigkeit von Buße für die vielen Situationen, in denen Kirchen versäumt haben, in dieser Weise zu agieren. Die Bitte um Gottes Vergebung sollte deshalb ein ständiges Gebet sein.

Unsere Welt benötigt Transformation. Wir leben mit den Realitäten von Fragmentierung und Konflikt, die unsere Gesellschaften zerreißen, darin eingeschlossen religiöser Fundamentalismus und religiös gerechtfertigte Gewalt. Uns ist klar geworden, dass es wichtig ist, die negativen Haltungen gegenüber Katholiken, Juden, Muslimen zu benennen, die es in reformatorischen Traditionen durchaus gab und gibt, auch innerhalb der protestantischen Familie. Deshalb ist es die Aufgabe theologischer Bildung, ein kritisches Verständnis heiliger Texte und religiöser Traditionen zu vertreten, um dadurch religiös legitimierte Verhaltensweisen zu überwinden, die Gewalt und Trennung hervorrufen.

Der Protest der frühen Reformation gegen materielle Gier, Korruption und religiösen Götzendienst hat tiefgreifende Auswirkungen, um Alternativen zu den gegenwärtigen ökonomischen Realitäten anzuerkennen, zu verbreiten und zu entwickeln. Wir sind herausgefordert, gemeinsam mit Partnern in allen Bereichen unserer Gesellschaften zu handeln, um die

2030-Agenda der Vereinten Nationen und die Nachhaltigen Entwicklungs-ziele (Sustainable Devolopment Goals SDG) voranzubringen. Kirchen und glaubensbasierte Organisationen haben dazu signifikante Beiträge anzubie-ten, wie zum Beispiel die Verbindung zwischen ganzheitlicher Bildung und Entwicklungsstrategien. Dabei müssen soziale, ökologische, wirtschaftliche und geistliche Transformation miteinander verwoben werden.

Wir stehen vor der Aufgabe, das Beziehungsgeflecht von Reformation, Bildung und Transformation noch tiefer zu durchleuchten. Auch wenn die „Twin Consultation" nun beendet ist, wird der R-E-T-Prozess in den nächs-ten zwei Jahren fortgeführt werden. In dieser Zeit wird es viele Veranstal-tungen und Studienprozesse geben, die verbunden sind mit dem, was wir gelernt und gemeinsam erfahren haben. Als Teilnehmende der „Twin Con-sultation" sind wir entschlossen, als Brückenbauer/innen zu anderen öku-menischen Initiativen zu wirken, die sich – wo auch immer – mit dem Bei-trag von Christen und Christinnen zu Bildung und Entwicklung befassen. Wir laden Schwestern und Brüder aus der ökumenischen Familie dazu ein, uns auf diesem Weg zu begleiten!

In dieser Pfingstzeit bitten wir:

„Komm, Heiliger Geist, reformiere, bilde und transformiere unsere Welt."

International Twin Consultation
Halle (Saale), 22. Mai 2016

Übersetzung aus dem Englischen

Eine Gemeinschaft lebendiger Hoffnung auf dem Weg

Bericht von der 62. Sitzung des Zentralausschusses des Ökumenischen Rates der Kirchen (ÖRK) vom 22. Juni bis 28. Juni 2016 in Trondheim/Norwegen

Wie bei jeder Zentralausschusssitzung standen auch bei dieser eine sehr große Fülle höchst diverser Themen aus der Arbeit des ÖRK der letzten beiden Jahre zur Beratung und Entscheidung auf der Tagesordnung.[1] Hinzu kamen die Erfahrungen und Anliegen, die die Delegierten aus aller Welt einbrachten. Der folgende Bericht kann deshalb nicht alle behandelten Themen, Dokumente und Beschlüsse aufnehmen, sondern trifft eine Auswahl.[2]

---

[1]   Der Zentralausschuss trifft sich alle zwei Jahre zwischen den Vollversammlungen für eine einwöchige Tagung. Er soll die Umsetzung der Beschlüsse der Vollversammlung auf den Weg bringen und die Arbeit des Stabs in Genf und die verschiedenen Programme begleiten und auswerten. So stand eine große Zahl von Berichten in den Ausschüssen zur Beratung an, die sowohl die inhaltliche Arbeit als auch institutionelle Fragen wie Personal, Finanzen und Neuwahlen betrafen.

[2]   Alle verabschiedeten Erklärungen, die Berichte der Ausschüsse sowie die wichtigsten Plenumsbeiträge sind nachzulesen auf www.oikoumene.org/en/resources/documents/central-committee/2016, bzw. soweit in deutscher Übersetzung vorhanden auf www.oikoumene.org/de/resources/documents/central-committee/2016?set_language=de (aufgerufen am 08.09.2016). Im Folgenden wird in den Anmerkungen in der Kurzform „Dokumente englisch" bzw. „Dokumente deutsch" verwiesen.

Ein roter Faden ist die Frage, wie sich das Konzept des „Pilgerwegs der Gerechtigkeit und des Friedens" (im Folgenden abgekürzt „Pilgerweg") auf die Arbeit des ÖRK und der Mitgliedskirchen auswirkt. Hierzu finden sich auch persönliche Einschätzungen im Bericht.

1. Weltpolitischer und lokaler Kontext der Tagung: „Gemeinsam die Landschaften wahrnehmen"

"Discerning the Landscapes together": Die Überschrift, unter der der Zentralausschuss in Trondheim tagte, ruft vielfältige ökumenische Assoziationen hervor. Sie knüpft an das Bild vom Pilgerweg an und erinnert an die sich verändernden religiösen und ökumenischen Kontexte im 21. Jahrhundert.[3] Vor allem aber lenkt sie den Blick in die Gegenwart: Welche Kontexte müssen analysiert werden? Was „brennt" auf der Tagesordnung der Welt? Welche Antworten hat eine Gemeinschaft von Kirchen wie der ÖRK zu bieten? Und ist das Konzept des „Pilgerwegs der Gerechtigkeit und des Friedens" dafür hilfreich?

Zur Erinnerung nenne ich exemplarisch einige tagespolitische Themen und Schlagzeilen aus der zweiten Junihälfte 2016, die für die Vielfalt der Herausforderungen stehen und die Gespräche in Trondheim geprägt haben: Da war der Attentatsversuch auf den syrisch-orthodoxen Patriarchen von Antiochia Aphrem II. Karim am Tag vor der Anreise – zum orthodoxen Pfingstfest. Zu diesem Zeitpunkt begann auf Kreta auch das „Heilige und Große Konzil".[4] Am ersten Sitzungstag wurde ein Waffenstillstandsabkommens zwischen der Rebellenorganisation FARC und der kolumbianischen Regierung nach mehr als 60 Jahren Bürgerkrieg unterzeichnet. Die Nachricht, dass die Mehrheit der Briten im Plebiszit für das Verlassen der Europäischen Gemeinschaft gestimmt hat, traf in der Mitte der Sitzung ein. Aus

---

[3] Vgl. die jüngste Missionserklärung des ÖRK: "Together Towards Life. Mission and Evangelism in Changing Landscapes."

[4] Auf Monitoren waren Übertragungen aus Kreta auch im Foyer vor dem Trondheimer Plenarsaal zu sehen. Metropolit Dr. Nifon Targoviste (Rumänisch-Orthodoxe Kirche), der im Anschluss an das Konzil noch anreiste, gab dem Plenum einen kurzen und trotz der Abwesenheit der orthodoxen Kirchen von Antiochien, Russland, Georgien und Bulgarien beim Konzil optimistisch gestimmten Bericht. Er empfahl insbesondere das Dokument "Relations of the Orthodox Church with the Rest of the Christian World" (aufgerufen am 08.09.2016, s. www.holycouncil.org/official-documents).

den USA gab es Meldungen über Polizeigewalt gegenüber jungen Afroamerikanern und in der Nacht nach dem Ende der Tagung forderte ein Selbstmordanschlag am Flughafen von Istanbul knapp 40 Todesopfer.

So zog sich die Erfahrung von Gewalt – auch im Namen von Religion und gegen religiöse Minderheiten – ebenso durch die Sitzungstage wie die Frage nach der Rolle der Kirchen für den „Friedensaufbau" inmitten dieser Kontexte.

Trondheim, die historische Stadt am Fjord, schien dazu in einem fast unwirklichen Kontrast zu stehen: Die Mitternachtssonne, die beeindruckende Natur und die Gastfreundschaft der norwegischen Kirchen machten die Stadt zu einem wunderbaren und privilegierten Tagungsort. Beim Eröffnungsgottesdienst mit Tauferinnerung im Nidarosdom – sicher eine der schönsten Kirchen Skandinaviens – sorgte norwegische Fidel-Musik für eine ganz besondere Atmosphäre. Durch die Anwesenheit des Kronprinzenpaars war die wichtige Rolle, die Kirchen in der norwegischen Gesellschaft nach wie vor haben, mit Händen zu greifen. Aber das kleine Land am Rande Europas verändert sich und mit ihm die Kirche(n). 2012 wurde eine Verfassungsänderung beschlossen, die Norwegen zur säkularen Gesellschaft erklärt. Von 2017 an sind Kirche und Staat getrennt. Die Kirche von Norwegen wird zwar weiter staatliche Unterstützung erhalten, ist aber nur noch eine von verschiedenen Religionsgemeinschaften. Die größte Herausforderung, so die leitende Bischöfin, sei die Säkularisierung der Gesellschaft und die daraus resultierende Aufgabe einer neuen „Evangelisierung". Als sie bei ihrem Grußwort einen typischen Ausspruch in Norwegen zitierte: „Ich glaube nicht an Gott, aber ich möchte zu einer Kirche gehören", machte sich Heiterkeit unter vielen Mitgliedern des Zentralausschusses breit. Diese Haltung ist für viele nicht europäische Delegierte doch schwer vorstellbar. Die Landschaften, in denen wir unterwegs sind, unterscheiden sich.

Die norwegischen Gastgeber machten – ganz im Sinne des „Pilgerwegs" mit kleinen Schritten und Programmpunkten diese unterschiedlichen Seiten erlebbar:

· Der ökumenische Rat von Norwegen, vor allem der Vorsitzende Pfarrer Knut Refsdal, pilgerte vier Wochen lang von Oslo nach Trondheim. Unterwegs organisierte er unzählige Veranstaltungen zum interreligiösen Zusammenleben. Immer wieder begleiteten Vertreter anderer Religionsgemeinschaften den Weg für einen oder auch mehrere Tage. Der gemeinsame Weg hat die interreligiösen Beziehungen verändert und gefestigt, so das Fazit.

· Trondheim und sein Dom sind Ausgangspunkt einer alten Pilger-
route. Der zweite „Pilgerweg" war deshalb unser Weg zum Eröffnungsgottesdienst, durch die Altstadt zur Kathedrale. Kein langer, an-
strengender Pilgerweg, aber doch einer, der mit seinen Stationen die
Menschen an den Rändern der norwegischen Gesellschaft ins Blick-
feld rückte: Er führte z. B. an der methodistischen Kirche vorbei, in
der sich die Angehörigen des indigenen Volkes der Sámi in Nord-
skandinavien zusammenfinden konnten, ohne ihre Kultur und Sprache zu verleugnen. Lange Zeit wurden sie von Staat und (Staats)kir-
che gleichermaßen unterdrückt und zur Assimilierung gezwungen.
Ein bewusster Blick in alle vier Himmelsrichtungen beim Halt an der
großen Sonnenuhr auf dem Marktplatz machte diese Spannungen
noch einmal deutlich: Im Norden das Land der Samen, im Süden die
Kathedrale, die sowohl für Verbindendes als eben auch für Ausgrenzung steht. Im Westen fiel der Blick auf ein Schnellrestaurant, auf
Bankhäuser und den Sitz einer Ölgesellschaft, im Osten auf die Dia-
koniekirche von Trondheim mit Kaffee und Beratungsangebote für
Hilfesuchende. An diesem Ort sangen und beteten wir für Gerechtigkeit.

2. Rückblick: Berichte aus der Arbeit des ÖRK 2014 bis 2016

In ihrem einleitenden Bericht vor dem Zentralausschuss analysierte die
Vorsitzende Agnes Abuom die gegenwärtigen Herausforderungen für den
ÖRK auf seinem „Pilgerweg". Aus der Perspektive der Gerechtigkeit Gottes
und der Marginalisierten nannte sie die folgenden „moralischen und geistlichen Herausforderungen", die in vielen anschließenden Plenardiskussio-
nen wieder aufgenommen wurden:
· Die durch Profitgier geprägte Marktwirtschaft und die daraus folgende Klimaungerechtigkeit.
· Das globale Phänomen der „Furcht vor dem anderen" in einer immer
weiter pluralisierten Welt.
· Den Einfluss der Säkularisierung einerseits und der Anstieg militan-
ten religiösen Fanatismus auf der anderen Seite.
· Die Fixierung auf die Logik von Gewalt und Krieg als einzigem Weg
zur Konfliktlösung und die steigenden Rüstungsausgaben.
· Die Ambivalenz des technischen Fortschritts, die Teile der Weltbe-
völkerung machtloser macht und benachteiligt.

· Die „Entmenschlichung" von Millionen Menschen durch Diskriminierung, strukturelle und kulturelle Formen der Ungerechtigkeit.

Den letzten Punkt führte sie konkret im Blick auf die Frage nach Rassismus und Menschenhandel aus, die während der Tagung noch mehrfach eine Rolle spielen sollte. Abuom berichtete von einem ÖRK-Besuch in den USA, bei dem deutlich wurde, wie stark Rassismus dort die Gesellschaft und z. T. auch die Kirchen prägt und spaltet – ganz abgesehen von Inhaftierungen und Polizeigewalt, die in überproportionaler Weise junge Afroamerikaner trifft. Dieses Thema gehöre ebenso (erneut) auf die Tagesordnung des ÖRK wie das Problem des Menschenhandels. Eine Form moderner Sklaverei, von der z. Zt. schätzungsweise ca. 45 Mio. Menschen betroffen sind – in Schuldknechtschaft, Prostitution oder als Opfer von Organhändlern.

Diese Herausforderungen unter dem Blickwinkel des „Pilgerwegs" zu betrachten, heißt für Agnes Abuom, sie als Chance zu begreifen: Chance zum Lernen, zur Begegnung mit Anderen, zu Buße und Umkehr. Dennoch sei es ebenso wichtig, dass „wir uns von einer Kultur der Konferenzen und Stellungnahmen hin zu einer Kultur des Handelns bewegen, die Hoffnung bringt und Alternativen aufzeigt". Zugleich sei es aber „nicht entscheidend, was wir als ÖRK, Zentralausschuss oder Mitarbeiterinnen in Genf im Namen unserer Kirchen tun oder sagen, sondern, was unsere Kirchen in dem betreffenden Kontext mit unserer Unterstützung tun können".

Eine weitere Herausforderung sei, den „Pilgerweg" attraktiv für junge Menschen und Frauen zu gestalten und ein Ort zu werden, wo Hoffnungen und Zukunftsvisionen Platz finden. Schließlich mahnte sie zur Zusammenarbeit mit sozialen Bewegungen und Menschen aller Glaubensrichtungen, die sich für Gerechtigkeit und Frieden einsetzen.

Generalsekretär Dr. Olav Fykse Tveit führte fast im Sinne einer Antwort auf Agnes Abuom in seinem Bericht aus, wie und aus welcher Motivation und Quelle heraus der ÖRK und Mitgliedskirchen in den letzten zwei Jahren auf diese Herausforderungen in „sich verändernden Landschaften" reagiert hätten. Dabei war für ihn das Grundmotiv der christlichen Hoffnung zentral: „Häufig bedeutet es, mehr zu sehen als wir erkennen und etwas anderes zu erwarten: nichts weniger als Gerechtigkeit und Frieden zu suchen. Hoffnung ist ein Kriterium unseres christlichen Glaubens."

---

[5] *Tveit* berichtete von der Tagung des Globalen Christlichen Forums im November 2015

Diese Hoffnung, die aus der Osterbotschaft wachse, sei für ihn in besonderer Weise in orthodoxen Traditionen erlebbar und unter Christinnen und Christen, die bedroht werden oder mit Verfolgung leben müssen.[5]

Der „Pilgerweg der Gerechtigkeit und des Friedens" selbst sei ein Ausdruck dieser lebendigen Hoffnung. Als Querschnittsthema für die Arbeit des ÖRK beginne der Pilgerweg, Programme des ÖRK zu verändern. Es gebe immer mehr Beispiele auf lokaler und regionaler Ebene, in der Kirchen in ökumenischen und konziliaren Zusammenschlüssen für Frieden und Gerechtigkeit unterwegs sind. In diesem neuen Miteinander entstehe auch eine Praxis gegenseitiger Rechenschaftsgebung (*mutual accountability*).

Die Fülle der in seinem Bericht dargestellten Aktivitäten des ÖRK – z. T. in Netzwerken und mit den Mitgliedskirchen – im Blick auf Friedensförderung,[6] Flüchtlingskrise, Fremdenfeindlichkeit und Rassismus, die Rechte der Kinder, Klimagerechtigkeit und nachhaltige Entwicklung vermittelte einen Eindruck davon, wie sehr die Vertreter und Vertreterinnen des ÖRK an den „Schmerzpunkten" der Welt präsent sind und den vielen „brennenden Themen" auch mit wenigen Mitteln begegnen. Immer wieder nahmen Delegierte aus den verschiedenen Regionen in den folgenden Tagen auf diese Aktivitäten und Besuche Bezug, was zeigt, dass sie in den jeweiligen Regionen verankert sind und wirken.

3. Die Schwerpunkte der Diskussionen in Trondheim: Pilgerweg, Einheit, Mittlerer Osten, Religion und Gewalt

3.1 Plenarsitzung „Pilgerweg"

"The place works on the pilgrim, that's what pilgrimage is for." Diese Worte von Rowan Williams stellte Fernando Enns als Moderator der ÖRK-Steuerungsgruppe für den „Pilgerweg" über seine Einführung. Sie spiegeln wider, was nicht nur die Steuerungsgruppe bei ihrem Treffen in Jerusalem

---

in der Kathedrale der Auferstehung Christi in Tirana, bei der nach Möglichkeiten der Unterstützung von Christen und Christinnen, die unter Verfolgung leiden, gesucht wurde. Die Bibelarbeit von Erzbischof Anastasios führte dort „zu einem tiefen Verständnis der Auferstehung Christi selbst unter solchen Bedingungen. Wir sind berufen, der Welt ein Licht zu sein, das Licht Christi, nicht um zu provozieren, sondern um wahre Hoffnung zu schenken".

6   In den Krisenregionen Syrien und Irak, Libanon, Ukraine, Israel und Palästina, Burundi, Kolumbien, Nigeria, DR Kongo und auf der koreanischen Halbinsel.

und Bethlehem erlebte: Viele Lernerfahrungen und Veränderungen finden statt, wenn tatsächliche Pilgerwege zurückgelegt werden, wenn Treffen und Tagungen an prägenden Orten des Danks und des Schmerzes stattfinden und wenn Menschen, die „an den Rändern" leben, hierbei die Führung übernehmen. Gleichzeitig ist „Pilgerschaft" Nachfolge und eng verbunden mit der Erfahrung des „Mitsein Gottes". Während bei der Zentralausschusssitzung vor zwei Jahren noch diskutiert wurde, ob es eher um ein metaphorisches oder um ein wörtliches Verständnis des „Pilgerwegs" gehen sollte, wurde bei dieser Sitzung klar: beides ist untrennbar miteinander verwoben.

Das Plenum zum „Pilgerweg" machte aber auch deutlich, wie wichtig es ist, dass unterschiedliche Initiativen auf diesem Weg einen gemeinsamen Raum finden, in dem die unterschiedlichen Erfahrungen zusammen getragen werden. In diesem Fall wurde u. a. über die Pilgerwege zum Klimagipfel in Paris berichtet, aber nicht nur über den Weg von Skandinavien und Deutschland aus nach Paris, sondern auch über den 6.000 km langen Fahrradpilgerweg von Mozambique bis nach Nairobi. Eine Aktion, die mit dazu beitrug, dass afrikanische Stimmen hörbar wurden. Diese und andere Aktivitäten von religiösen und zivilgesellschaftlichen Gruppen haben einen wichtigen Beitrag zum Erfolg der Klimaverhandlungen geleistet.

Besonders eindrücklich allerdings waren die Beiträge, die von Menschen „an den Rändern" selbst kamen. So berichtete Pfr. Tore Johnsen (Generalsekretär des Kirchenrates der Samen) sehr persönlich von den Folgen der Assimilationspolitik: Als sein Vater, ein Sami, seine Mutter, heiraten wollte, fragte er sie, ob es wirklich gut genug für sie sei, einen Samen zu heiraten. „Wir wurden unsichtbar, sogar für uns selbst." Solche „Unsichtbarkeit" stehe aber der eigenen Würde und den Menschenrechten entgegen. Eine ähnliche Erfahrung wurde im Bericht von Pfrn. Waltrina Mittleton deutlich, die von der Diskriminierung afroamerikanischer Jugendlicher erzählte und fragte: „Zählen wirklich alle Leben? Schwarze Leben zählen nicht." Den „unsichtbar Gemachten" gibt das Konzept des „Pilgerwegs" mit seinem inklusiven Ansatz eine Stimme.

Wie geht es weiter auf dem Pilgerweg? Das Schwerpunktthema für 2017 lautet *Friedensaufbau im Kontext von Religion und Gewalt.* Die Aktivitäten des ÖRK werden sich dabei exemplarisch auf Krisenregionen in Afrika – speziell Nigeria – konzentrieren. Die theologische Reflexion vor

---

[7]   Verfügbar auf www.oikoumene.org/en/resources/documents/wcc-programmes/an-invitation-to-the-pilgrimage-of-justice-and-peace (aufgerufen am 08.09.2016). Dieser Text

Ort soll durch den neu erarbeiteten Kurztext „Einladung zum Pilgerweg der Gerechtigkeit und des Friedens"[7] unterstützt werden. Außerdem wird angeregt, dass Kirchen in Zusammenarbeit mit dem ÖRK sog. „Teamvisits"[8] zu Themen des Pilgerwegs durchführen. Teilnehmende an diesen Teamvisits sollen, soweit möglich, im Vorfeld der nächsten Vollversammlung zusammentreffen.

3.2 Plenarsitzung „Einheit"

Ein Kriterium dafür, ob der Pilgerweg die in ihn gesetzten Erwartungen erfüllt, ist, ob sich „Einheitsökumene" und „Gerechtigkeitsökumene" verbinden und *„pilgrimage"* einen gemeinsamen und übergreifenden Horizont der Arbeit des ÖRK und seiner Mitgliedskirchen eröffnet. Das Plenum zur Einheit hat hier Akzente gesetzt:

Im Mittelpunkt stand die Studie „Die Kirche. Auf dem Weg zu einer gemeinsamen Vision" und der begonnene Rezeptionsprozess. Dabei wurden zum einen schon eingegangene Rückmeldungen vorgestellt. Zum anderen wurde zu weiteren Reaktionen ermutigt. Die Frage nach der „gemeinsamen Vision von Kirche" sei nämlich für die Suche nach Einheit, aber auch nach Gerechtigkeit und Frieden zentral. Gerade die langfristigen „Konvergenzprozesse" bergen zudem wichtige ökumenische Potentiale. Sie sind Teil einer „geistlichen Ökumene" und ein stiller Dialog, der hilft, gerade in anderen Kirchen Elemente von Einheit, Heiligkeit, Katholizität und Apostolizität zu entdecken. Er führt dazu, dass manch implizite Übereinstimmung explizit ausgesprochen wird. Trennendes wird im Horizont möglicher Erneuerung und Veränderung benannt. Insbesondere der Beitrag von Susan Durber, Vorsitzende der Kommission für Glauben und Kirchenverfassung, stellte die Arbeit der Kommission und die Studie explizit in den Horizont des „Pilgerwegs". Zum einen brächten die Kommissionsmitglieder die

---

entstammt der Theologischen Studiengruppe zum „Pilgerweg", die ganz bewusst auch mit Mitgliedern der Kommission für Glauben und Kirchenverfassung besetzt ist.

[8] Ein 'Teamvisit' ist ein Besuch eines international und ökumenisch zusammengesetzten Teams in einem bestimmten Kontext. Er ist Zeichen geschwisterlicher Solidarität und kann beratende, „visitierende" Elemente haben. Teamvisits wurden bereits in der zweiten Hälfte der *Dekade zur Überwindung von Gewalt* und im Rahmen der *Dekade Kirchen in Solidarität mit den Frauen* erfolgreich durchgeführt ("Living Letters"). In diesem Fall wird die Initiative und Verantwortung (auch finanziell) bei gemeinsamen Initiativen von Mitgliedskirchen liegen.

[9] "The text came from hands grubby from the dust of daily life, from minds pre-occupied with human suffering, from hearts crying for those in deepest need. It came from those

Nöte der Menschen und Kirchen aus den jeweiligen Kontexten in die Gespräche und den Text ein.[9] Zum anderen sei die Methode der „Konver-
genz" eine Form des ökumenischen Dialogs, der den gemeinsamen Prozess
in den Mittelpunkt stellt und so dem Konzept des „Pilgerwegs" entspricht.
"We are thinking on the way", so Durber.[10] Schließlich mache die Ekklesiologie auch das Spezifische des Beitrags der Kirchen in ihrem Einsatz für Gerechtigkeit und Frieden deutlich: "We have the gospel and we have the
power of God to renew our life and draw us into unity – so that the world
might see and believe. We share the same landscape as others in the world.
But we have a different horizon, and a new vision for God's world, as we
share in the life of the church. That's why ecclesiology really matters."

Die kurzen Berichte aus Kirchen, die bereits eine Antwort auf die Studie „Die Kirche" gegeben haben, waren motivierend. Fr. A. Choromanski
vom Päpstlichen Rat zur Förderung der Einheit der Christen berichtete,
dass die Studie dort als sehr wichtiges Dokument auf dem Weg zu voller
und sichtbarer Einheit angesehen werde. Für die offizielle Antwort, die in
Vorbereitung ist, wurden Stellungnahmen von Fakultäten aus verschiedenen Kontexten erbeten sowie von sämtlichen nationalen Bischofskonferen-
zen! Eine Kommission wird die Antworten zusammenstellen und dem ÖRK
vorlegen.

Im März 2017 wird die Kommission für Glauben und Kirchenverfassung in Südafrika mit der Auswertung beginnen. Mir scheint hier ein Rezeptionsprozess auf dem Weg zu sein, der die Mitgliedskirchen erreicht,
das Erbe von „Lima" lebendig hält und die Perspektive des Pilgerwegs der
Gerechtigkeit und des Friedens umsetzt.

3.3 Plenarsitzungen „Mittlerer Osten" und „Religion und Gewalt"

Gewalt, Bedrohung und Zerstörung sind aus den Erfahrungen der Mitgliedskirchen im Mittleren Osten in den letzten beiden Jahren nicht weg-
zudenken. Die Gespräche mit Delegierten aus dieser Region sind sicher
nicht nur besonders eindrücklich, ihre Beiträge im Plenum werden besonders gehört. Aber können es Kirchen gemeinsam schaffen, als Friedensstifter in solchen Kontexten zu wirken? Und woher nehmen die Betroffenen

---

already on a pilgrimage of justice and peace." *Susan Durber*, Presentation at Unity Ple-
nary, s. Dokumente englisch.

[10] "A pilgrimage works best when we walk beside each other and are honest with each other. Even when we say difficult things we keep walking together, listening deeply to our
companions on the way." *Durber*, a. a. O.

die Kraft, die christliche Auferstehungshoffnung weiter zu tragen? Sinnbild für eine solche Hoffnung gegen allen Augenschein war die Ikone des Kopten Tony Resk, die während des Plenums „Religion und Gewalt" das Hintergrundbild auf der Bühne war.

- Das *Plenum „Mittlerer Osten"* machte die Herausforderungen deutlich, unterschiedliche lokale Perspektiven und die unterschiedlichen Interpretationen, die zu Begriffen wie „Extremismus", Minderheit und Mehrheit, Vielfalt u. a. m. existieren, sinnvoll zusammen zu führen. So blieben im Plenum zum Mittleren Osten die hochkarätigen Vorträge zu Syrien, Palästina und Ägyptern relativ unverbunden nebeneinander stehen. Dr. Tarek Mitri zeigte eine übergreifende Perspektive auf, indem er das Interpretationsmuster „Minderheit und Mehrheit" einer kritischen Analyse unterzog. Er plädierte für ein Verständnis von „Bürgerschaft", das Christen und Muslime zusammenbinde und religiöse und kulturelle Vielfalt ermögliche.[11] Der Ägypter Hany Fawzi stellte die junge Generation eher säkular geprägter, medial vernetzter Millennials in den Mittelpunkt.[12] Dagegen berichtete Dr. Muna Mushawar aus Palästina, dass gerade die junge Generation oft keinen anderen Ausweg als die Gewalt mehr sehe. Grund sei die völlige Hoffnungslosigkeit der Situation in den besetzten Gebieten durch die Isolation, den fortgesetzten Siedlungsbau und eine neue Stufe der Gewalt seit dem Gazakrieg 2015. Ein wichtiges positives Zeichen seien Besuche und eine „verantwortliche kirchliche Pilgerschaft", die die Begegnung mit den Menschen in Palästina

---

[11] Vgl. *Tarek Mitri:* Identity Politics is not a Fatality, s. Dokumente englisch. "The notion is loaded with historical overtones. For some it evokes conspiracies, manipulation by foreign powers and subversion of majority role. For others, it is associated with religious or cultural rights and protection. In modern times, Christians learned to affirm their self-understanding as citizens rather than minorities. Voices suppressed today will not be voices silenced forever. To be sure, we live in times of suffering, fear and uncertainty. But they are also times of change. Christians are not only victims crying out their plight, they are also called to be faithful and hopeful actors." A. a. O.

[12] Nach seiner Einschätzung geben sie Anlass zur Hoffnung: "With more than 40 percent of Egyptians under 40 years of age, he said, their use of social media not only pioneers new agencies for change; it also signals the arrival and importance of a new generation of activists in the Middle East. 'Global networks of outrage and hope,' he said, 'defending the same universal values and struggling against oppression', presage long-term victory of inclusive governance, human rights and an openly pluralistic religious life." Pressemeldung ÖRK, www.oikoumene.org/en/press-centre/news/is-there-hope-for-the-middleeast (aufgerufen am 08.09.2016).

suche. Die am Ende der Zentralausschusssitzung verabschiedete Erklärung zu Israel und Palästina zielt ebenfalls auf Hoffnungsperspekti-
ven. Sie unterstützt alle gewaltlosen Anstrengungen, die Besatzung
zu beenden und wirbt für verstärkte Zusammenarbeit mit jüdischen
und muslimischen Partnern. Sie sagt die Unterstützung der Mitgliedskirchen und die Stärkung ihrer Präsenz „an der Wiege des
Christentums" zu und nimmt eine ökumenische Konferenz in Palästina für 2017 in den Blick.[13]

· Im Plenum *Religion und Gewalt"* ging es immer um eine doppelte
Perspektive: durch Religion motivierte oder legitimierte Gewalt
ebenso wie um die Gewalt gegen religiöse Minderheiten. Die meisten Redner und Rednerinnen plädierten für einen selbstkritischen
Umgang mit der eigenen Tradition. Insbesondere der Vortrag des
ehemaligen norwegischen Außenministers Knut Vollback thematisierte auf dem Hintergrund seiner internationalen Erfahrungen den
Zusammenhang von Diskriminierung, Exklusion und gewaltsamen
Konflikten.[14]

Die Erklärung zu *Religion und Gewalt* nimmt wichtige Ergebnisse
der Dekade zur Überwindung von Gewalt auf, macht aber auch deutlich, dass „seitdem religiös begründete Gewalt und Hass, Unterdrückung und Anschläge auf Menschen und Gemeinschaften aufgrund

---

[13] "Statement on the Israeli-Palestinian Conflict and Peace Process", s. Dokumente englisch.
[14] "I saw first hand how discrimination leads to conflict", so *Knut Vollback* in seinem
mündlichen Beitrag im Plenum. Rev. *Berit Hagen Agoy* (Kirche von Norwegen) lenkte
den Blick auf den Missbrauch religiöser Traditionen, um häusliche und geschlechtsspezi-
fische Gewalt zu legitimieren und forderte, die Erfahrungen von Frauen ernst zu nehmen, um fundamentalistische Entwicklungen zu verstehen. *Mohamed Elsanousi* stellte
die sog. „Marrakesch-Erklärung" von Januar 2016 vor, in der mehr als 300 muslimische
Gelehrte unter Berufung auf die „Charta von Medina" sich gegen religiöse Rechtferti-
gung von Gewalt und für gleichberechtigtes Zusammenleben der Religionen eingesetzt
haben. Rabbi *David Sandmel* thematisierte christlichen Antisemitismus.
[15] "Statement on Religion and Violence", s. Dokumente englisch, § 8. Den Themenkom-
plex „Religion und Gewalt" nach dem Ende der Dekade zur Überwindung von Gewalt erneut zu diskutieren, war ein Auftrag der letzten Vollversammlung. Schon in Busan war
die Bedrohungssituation vieler religiöser Minderheiten (nicht nur) im Mittleren Osten
präsent, was u. a. in der Erklärung zur „Politisierung von Religion und zu den Rechten
religiöser Minderheiten" festgehalten worden war. Ein Studiendokument, das insbesondere die interreligiösen Aspekte aufnimmt, wurde vom letzten Zentralausschuss in Auftrag gegeben. In Trondheim konnte man sich aber noch nicht auf eine Empfehlung zur
Weitergabe an die Mitgliedskirchen einigen. Es soll nun im Exekutivausschuss überarbeitet werden.

deren Religion immer weiter zugenommen haben und zu einem dominierenden Motiv unserer Zeit geworden sind".[15] Paradebeispiel ist die extrem brutale Gewalt des sog. „Islamischen Staates". Die Empfehlungen sind Teil des thematischen Schwerpunkts für den „Pilgerweg" in 2017. Sie spannen einen breiten Bogen: von der selbstkritischen Reflexion über den Zusammenhang von Religion, Gewalt und Hassreden in der eigenen Glaubenstradition über verstärkte Initiativen zum interreligiösen Dialog auch in praktischen Fragen zur Unterstützung von Christinnen und Christen (und allen Menschen), die unter religiös motivierter Gewalt leiden. Die Erklärung unterstreicht u. a. die Wichtigkeit von Maßnahmen zur Traumabewältigung, der Förderung (theologischer) Bildung als Mittel zur Prävention und sieht die Praxis aktiver Gewaltlosigkeit als angemessenste Methode, den Kreislauf der Gewalt zu durchbrechen. Auch die Diskussion des Zentralausschusses über die Wahrnehmung des/der Fremden bzw. „Anderen" und die Rolle von geschlechtsspezifischer Gewalt haben Eingang gefunden.

M. E. spiegelt die Vielfalt dieser Empfehlungen in gewisser Weise eine Momentaufnahme der ökumenischen Diskussion in einer für viele Kirchen äußerst kritischen und bedrohlichen Situation wider. Sie erhebt nicht den Anspruch auf ein Gesamtkonzept, sondern knüpft an gemeinsam Erarbeitetes an und zeigt vielfältige Handlungsmöglichkeiten (und Notwendigkeiten) im jeweils eigenen Kontext auf.

4. Blitzlichter zu weiteren Themen und Erklärungen

Für die Zusammenarbeit mit der UNO auf einem neuen Gebiet steht die im September 2015 unterzeichnete Partnerschaftsvereinbarung zwischen ÖRK und UNICEF zum Thema *Kinderrechte.* Gerade afrikanische Delegierte unterstrichen die Wichtigkeit dieser Zusammenarbeit angesichts der großen Gefahr, die der Menschenhandel für Kinder in prekären Situationen darstellt. Ein erster Entwurf für „Prinzipien für eine kinderfreundliche Kirche" soll noch einmal überarbeitet werden. Besonders eindrücklich waren auch hier wieder die Berichte über die Aktivitäten von Kirchen weltweit für Kinderrechte, die damit beginnen, dass alle Kinder eine Geburtsurkunde erhalten. Taufurkunden, so wurde aus Sierra Leone berichtet, sind dabei oft eine große Hilfe.

Dass die Zusammenarbeit zwischen UNO und ÖRK weiterhin entscheidend ist, machte auch die *Erklärung zur Flüchtlings- und Migrationskrise*[16] deutlich. Sie kann auf vier ökumenische Konferenzen mit maßgeblicher UN-Beteiligung in den letzten zwei Jahren zurückgreifen und fokussiert nicht ausschließlich den Mittleren Osten und Europa, sondern hat auch die Situation in Teilen Afrikas, Bangladesch und Zentralamerika im Blick. Gefordert werden die Einhaltung der Standards, die sich aus den völkerrechtlichen Vereinbarungen ergeben und abgestimmte Reaktionen, die den ganzen Verlauf der Flüchtlingsbewegungen in den Blick nehmen. Für die Bekämpfung der Fluchtursachen werde die Umsetzung der Agenda 2030 (Ziele für nachhaltige Entwicklung, „SDGs") eine entscheidende Rolle spielen.

Einen besonderen Hinweis verdient das Studiendokument: *„Das Geschenk des Seins – Berufen, eine Kirche aller zu sein",*[17] das zur Diskussion an die Mitgliedskirchen weitergegeben wurde. Das "Ecumenical Disability Advocates Network" (EDAN) macht deutlich, dass nach einem ersten Aufschlag des Netzwerkes aus menschenrechtlicher Perspektive 2004 nun ein theologischer Ansatz wichtig ist. So wird Inklusion in der Perspektive von Anthropologie, Christologie und Ekklesiologie dargelegt – von Menschen mit Behinderungen selbst.

Schließlich gab der Zentralausschuss „grünes Licht" für die nächste *Weltmissionskonferenz,* die unter dem Thema "Moving in the Spirit: Called to Transforming Discipleship" für März 2018 in Tansania geplant ist. Sie wird die erste Weltmissionskonferenz in Afrika seit 1958 sein und soll die Lebendigkeit des christlichen Zeugnisses in Afrika aufnehmen. Außerdem erhofft man sich einen Anstoß für eine ökumenische Missionsbewegung, die auch die Zusammenarbeit mit der römisch-katholischen Kirche und der pfingstlichen Bewegung in den Blick nimmt.

5. Exkurs Europa

Die kurze *Erklärung zum britischen Referendum über die EU Mitgliedschaft*[18] wurde intensiv diskutiert. Das Besondere daran war, dass unterschiedliche Erfahrungen und Perspektiven auf Europa und seine Werte

---

[16] S. Dokumente deutsch, der englische Titel "Statement on the Forced Displacement Crisis" setzt einen etwas anderen Akzent.
[17] "The Gift of Being", s. Dokumente englisch.
[18] "Statement on outcome of UK referendum on EU membership", s. Dokumente englisch.

von Großbritannien bis Griechenland aber auch von außerhalb Europas zu Wort kamen. Gemeinsam wurde unterstrichen, „dass sich Großbritannien durch den Austritt aus der EU nicht der Verantwortung für die Probleme der Region und der Welt, wie beispielsweise der Flüchtlings- und Migrationskrise, entziehen kann ...". Die „gemeinsamen Werte Europas" sieht die Erklärung „durch immer stärker werdende fremdenfeindliche Spielarten des Nationalismus gefährdet". Für die Kirchen komme der Konferenz Europäischer Kirchen (KEK) eine führende Rolle zu. In diesem Sinn wird die Hoffnung des KEK-Präsidenten Christopher Hill unterstrichen, „dass die Kirchen in der Lage sein werden, eine Vision von Europa mit neuem Leben zu erfüllen, die weit über das rein Ökonomische hinausgeht; eine Vision, die sich auf ein christliches Verständnis von Gesellschaft stützt, die am Gemeinwohl interessiert ist, Menschenrechte und inklusive Gemeinschaften unterstützt, ohne sich in rein individualistischen Ansprüchen aufzulösen".

Unmittelbar vor der Sitzung des Zentralausschusses und vor dem britischen EU Referendum hatte der Vorstand der KEK einen offenen Brief an seine Mitgliedskirchen veröffentlicht, der das britische Referendum und die Krise der EU in den Kontext der gesamteuropäischen und weltweiten Herausforderungen stellt und 15 Jahre nach der Charta Oecumenica erneut die „grundlegende Frage nach den gemeinsamen europäischen Werten und wie diese sich im heutigen Europa äußern" stellt.[19] Die Mitgliedskirchen wurden im Vorfeld der KEK-Vollversammlung 2018 um Stellungnahme gebeten. Bei der Zusammenkunft der europäischen Delegierten während des Zentralausschusses stellte der neue KEK-Generalsekretär Heiki Huttenen das Anliegen des offenen Briefes auch als Teil eines partizipativen Konzepts für den Weg zur KEK-Vollversammlung dar. Ein hoffnungsvoller Aufschlag angesichts der großen Aufgaben, die für die KEK und ihre Mitgliedskirchen anliegen.

6. ÖRK als Gemeinschaft von Kirchen

6.1 Neue Mitglieder in der Gemeinschaft

Die Bedeutung des ÖRK für einzelne Kirchen wird immer dann besonders deutlich, wenn über Mitgliedsanträge beraten werden kann. Bei die-

---

[19] S. www.ceceurope.org/wp-content/uploads/2016/06/1GB2016_Doc15-Open-letter-Future-of-Europe.pdf (aufgerufen am 08.09.2016).

ser Tagung wurde nach einer „Probezeit" die Wiederaufnahme der "Dutch Reformed Church in South Africa" als Vollmitglied im ÖRK beschlossen und die "Central Africa Presbyterian Blantyre Synod" ebenso wie der "Council of Baptist Churches in Northeast India" endgültig aufgenommen. Für zwei weitere Aufnahmegesuche aus Kenia und dem Kongo[20] lagen anschauliche Berichte der vorlaufenden Besuche von ÖRK-Delegationen bei den sich bewerbenden Kirchen vor. Sie machten auch deutlich, wie isoliert manche Kirchen in Afrikas Konfliktregionen sind und welch wichtiges Anliegen ihnen deshalb die ÖRK-Mitgliedschaft ist. Beide Kirchen wurden vorläufig für zwei Jahre aufgenommen. Bei dem durchaus historischen Schritt, den die Wiederaufnahme der "Dutch Reformed Church in South Africa" bedeutet, waren die Voten von Vertretern des südafrikanischen Kirchenrates und des "All African Council of Churches" wichtig, die die „Umkehr" und Abkehr von jeder rassistischen Ideologie der Dutch Reformed Church bestätigten. Der Generalsekretär der Kirche betonte die Bedeutung der Entscheidung: "When you are excluded you feel how you need the fellowship of Christian churches."

6.2 Wahlen

Die Vollversammlung in Busan hatte eine Verfassungsänderung beschlossen, die eine Rotation eines großen Teils der Mitglieder des Exekutivausschusses nach der Hälfte der Amtszeit vorsieht. Die Amtszeit der jetzigen Mitglieder endet im Dezember 2017. Da der Zentralausschuss erst wieder im Juni 2018 tagt, mussten bereits eineinhalb Jahre vor Auslaufen dieser Amtszeit diejenigen gewählt werden, die die ausscheidenden Mitglieder ersetzen werden. Diese Rotation entspricht dem Wunsch nach größeren Beteiligungsmöglichkeiten, erschwert auf der anderen Seite aber auch die kontinuierliche Arbeit – eine große Herausforderung für alle Beteiligten. Es wurde nach mehreren Nominierungsrunden eine einvernehmliche Lösung gefunden. Allerdings wurde bei den jungen Delegierten die erwünschte Quote verfehlt. Bischöfin Petra Bosse-Huber wird als neue Vorsitzende des Programmausschusses weiter im Exekutivausschuss vertreten sein. Außerdem wurden der Planungsausschuss und der Gottesdienstplanungsausschuss für die nächste Vollversammlung gewählt.

---

[20] *African Brotherhood Church Kenya* (eine *African Instituted Church*) und die *Communauté Baptiste au Centre de l'Afrique* (CBCA) in der DR Kongo.

6.3 Auf dem Weg zur nächsten Vollversammlung

Nur zweieinhalb Jahre nach der letzten Vollversammlung richten sich die Blicke bereits nach vorn auf die kommende Vollversammlung 2021. Der Zentralausschuss hat einen Kriterienkatalog für den „Austragungsort" gesichtet und Mitgliedskirchen zur Bewerbung aufgefordert. Der Fokus liegt auf Europa, aber auch Bewerbungen aus anderen Kontinenten sind erwünscht. Die nächste Zentralausschusssitzung wird nicht nur über den Ort, sondern auch über das Thema der nächsten Vollversammlung entscheiden.

Der Rat der EKD hatte bereits im Vorfeld des Zentralausschusses eine Voreinladung ausgesprochen: Kirchen in Deutschland (und ganz Europa) brauchen die weltweite ökumenische Gemeinschaft und wollen ihre „ökumenische Verpflichtung" mit dieser Einladung unterstreichen. Eine Vollversammlung in Deutschland wäre eine enorme ökumenische Chance. Die nächsten Schritte zu einer Bewerbung, die mit breitem ökumenischem Rückhalt und durch Kooperation erfolgen muss, werden spannend. Hierbei wird sicher auch eine Rolle spielen, wie der „Pilgerweg der Gerechtigkeit und des Friedens" Eingang in Form und Inhalt der Vollversammlung findet. "The place works on the pilgrim", so wurde Rowan Williams während der Zentralausschusssitzung zitiert. Diese Aussage könnte ein wichtiger Wegweiser für eine Bewerbung und für den Weg zur nächsten Vollversammlung werden.

Ausblick

„Wir müssen einen gemeinsamen Rahmen entwickeln, so dass wir in den Regionen gut und ergänzend und nicht in Konkurrenz zueinander arbeiten", sagte die Vorsitzende des indonesischen Kirchenrates *Henriette Letabang* in einem Diskussionsbeitrag zu Beginn der Tagung. Der „Pilgerweg der Gerechtigkeit und des Friedens" wird in meiner Wahrnehmung immer mehr zu einem solchen Rahmen. Er stößt wichtige Vernetzungsarbeit an, die tatsächlich Kirchen in allen Regionen nutzen und die Zusammenarbeit über den kirchlichen Kontext hinaus z. B. mit UN-Institutionen stärkt. Der Fokus auf Inklusivität und Partizipation (Merkmale eines Pilgerwegs, der „an die Ränder" geht) setzt einen Gegenpol zu Diskriminierung und Ausgrenzung, die auf der Tagung immer wieder als eine Wurzel von Konflikten und Gewalt thematisiert wurden. Schließlich hat der Pilgerweg als „Bewegung der Hoffnung", die sich aus dem Auferstehungsglauben und der Verheißung des Reiches Gottes speist, eine starke geistliche Dimension, die unerlässlich ist angesichts der Erfahrung von Gewalt und Ungerechtigkeit.

Eine Herausforderung wird vermutlich darin liegen, die vielen Themen, Initiativen und theologischen Fragen, die in dieser weiten Perspektive angestoßen werden, angemessen aufzunehmen. Das muss an unterschiedlichen Orten geschehen und dabei sind ÖRK und Mitgliedskirchen gleichermaßen gefordert. Doch sie sind – so mein Eindruck aus Trondheim – bereits auf einem vielversprechenden und hoffnungsvollen Weg!

Anne Heitmann

(Kirchenrätin Anne Heitmann ist Leiterin der Abteilung Mission und Ökumene der Evangelischen Landeskirche in Baden und Mitglied im Zentralausschuss des Ökumenischen Rates der Kirchen.)

Laudatio

Michael-Sattler-Friedenspreis 2016

In Ehrfurcht verneige ich mich vor der Märtyrerkirche damals und heute: vor Michael Sattler und seiner Frau Margaretha, der Täuferbewegung der Reformationszeit damals, und heute vor der „Kirche der Geschwister", der Ekklesiyar Yan'uwa a Nigeria in Nordostnigerien.

Sie haben die „Leiden Christi" getragen und tragen sie heute noch. „Wir sind von allen Seiten bedrängt, aber wir ängstigen uns nicht. Uns ist bange, aber wir verzagen nicht. Wir leiden Verfolgung, aber wir werden nicht verlassen. Wir tragen allezeit das Sterben Jesu an unserem Leibe, damit auch das Leben Jesu an unserem Leibe offenbar werde" (2 Kor 4, 7–10).

Und ich verhülle mein Haupt vor Traurigkeit, dass weder die lutherischen noch die reformierten Christen in der Reformationszeit die Täufer als Brüder und Schwestern im gleichen Geist und Glauben erkannt haben, sondern sie sogar als „Schwärmer" verdammt und verfolgt haben. Es wird Zeit, dass wir nicht nur die Schuld unserer Vorfahren bekennen, sondern auch unsere Bekenntnisschriften revidieren oder neue Bekenntnisse schreiben.

Ich selbst kam während der Friedensbewegung 1981 auf das Christuszeugnis der Mennoniten. Wir wollten wie sie „Frieden schaffen ohne Waffen". Ich lud mennonitische Pastoren und Älteste zu unserer Konferenz „Bergpredigt und Nachfolge Christi" ein und fuhr zu ihren Seminaren in Elkhart und Winnipeg.

---

[1] Der Michael-Sattler-Friedenspreis wird seit 2006 vom Deutschen Mennonitischen Friedenskomitee (DMFK) verliehen. Etwa alle drei Jahre wird der Friedenspreis an Personen oder Gruppen vergeben, deren Arbeit vorbildlich ist im Einsatz für gewaltfreies Christuszeugnis, für Versöhnung zwischen verfeindeten Menschen oder Gruppen sowie für herausfordernden Dialog zwischen Religionen und Weltanschauungen. Benannt ist der Preis nach dem frühen Täufer Michael Sattler, der 1527 in Rottenburg am Neckar wegen seines gewaltfreien Friedenszeugnisses auf dem Scheiterhaufen hingerichtet wurde. Die Verleihung geschieht in der Regel in Rottenburg, dem Hinrichtungsort Sattlers. 2013 wurde der Preis erstmals im ehemaligen Benediktinerkloster St. Peter auf dem Schwarzwald, dem Wirkungsort Michael Sattlers vor seiner Hinwendung zur reformatorischen Täuferbewegung, verliehen.

Die „friedliche Revolution" 1989 in Ostdeutschland und danach in osteuropäischen Ländern war für uns ein Wunder, oder wie Deutsche damals sagten: „Wahnsinn", und ein Beweis, dass es „nicht durch Heer oder Kraft, sondern durch Gottes Geist geschehen soll". Leider haben deutsche Regierungen nachher wieder auf die NATO und das „Heer" gesetzt und nicht auf den Geist des Friedens und der Versöhnung. „Mit der Bergpredigt kann man keinen Staat regieren", behaupten Politiker, aber leider hat es keiner von ihnen je versucht. Darum haben wir jetzt wieder die militärischen Konfrontationen in Osteuropa.

1. Wer waren die Täufer und warum wurden sie von Katholiken und Protestanten so grausam verfolgt?

Luther nannte sie „Schwärmer", Historiker sprechen vom „linken Flügel der Reformation". Ich denke, sie waren die einzige Reformation allein aus Glauben.

Aus der reformatorischen Predigt und der Zustimmung des Volkes führten die Magistrate der Städte und die Fürsten im Lande die Reformation der Kirchen und der Schulen durch. 1555 einigten sich katholische und protestantische Fürsten auf die religionspolitische Formel „cuius regio – eius religio" (wer das Land regiert, bestimmt die Religion). So wurde Rottenburg katholisch und Tübingen evangelisch. Die Reformation ereignete sich in den Gesetzen des Corpus Christianum, das ist: des „Heiligen Römischen Reiches deutscher Nation". Kaiser Konstantin und seine Nachfolger hatten das zuvor von Kaisern in Rom verfolgte Christentum zur Reichsreligion gemacht und damit ihr Römisches Reich zum „Heiligen Reich" Christi erklärt. Die Reformatoren blieben in den Gesetzen dieses „Heiligen Reiches". Die Täufer aber lehnten die Fundamente dieser christlichen Staatsreligion und dieses „Heilige Reich" ab: Sie setzten die Kindertaufe, durch die jedes Kind Christ wird, ab und führten die Glaubenstaufe ein, zuerst in Zürich, dann in ganz Europa, auch in Horb und Rottenburg. Sie lehnten den Schwertdienst ab: „Jesus verbietet die Gewalt des Schwertes". Sie lehnten den Eid ab: „Jesus verbietet den Seinen alles Schwören". Sie lehnten für sich selbst die Teilnahme an der weltlichen Obrigkeit ab, da „es dem Christen nicht ziemen kann, eine Obrigkeit zu sein". Diese Berufungen auf Jesus stehen im „Schleitheimer Bekenntnis", das Michael Sattler 1527 als „Brüderliche Vereinigung etlicher Kinder Gottes, sieben Artikel betreffend" verfasst hat. Damit lehnen die Täufer nichts weniger als die christliche Reichsreligion und das „Heilige Reich" ab. Sie wurden von katholischen und protestantischen Fürsten gemäß Reichsrecht verfolgt. Sie galten als „Reichsfeinde". Als Michael Sattler im Verhör in Rottenburg auch noch sagte: „Wenn der Türke kommt, soll man ihm keinen Widerstand leisten, denn es steht geschrieben: ‚Du sollst nicht töten'", wurde die Gefahr öffentlich, die von den Täufern ausging, denn sie hatten großen Zulauf im Volk. Darum war die Hinrichtung Michael Sattlers zur Abschreckung besonders grausam: Sie schnitten ihm die Zunge heraus, schmiedeten ihn auf den Wagen, rissen ihm mit glühenden Zangen Fleisch aus dem Körper und verbrannten ihn auf dem Galgenbuckel in Rottenburg am 20. Mai 1527 als Erzketzer und Staatsfeind. Seine Frau Margaretha widerstand allen Rettungsversuchen und wurde wenige Tage danach im Neckar ertränkt.

Michael Sattler war der Prior des bekannten Klosters St. Peter im Schwarzwald gewesen. Er war ein theologisch und humanistisch hochgebildeter Mann. 1525 war er bei den aufständischen Bauern und hat im selben Jahr wie Luther geheiratet. Er schloss sich in Zürich den Täufern an und missionierte in Oberschwaben. Er gewann in Horb und Umgebung viele Anhänger und taufte sie im Neckar. Wie seine „Schleitheimer Artikel" beweisen, war er den bekannten Reformatoren wie Zwingli in Zürich und Bucer in Straßburg durchaus ebenbürtig. Seine Sendung war: „Die Christen sind gelassen und vertrauen ihrem Vater im Himmel ohne alle äußerliche weltliche Rüstung."

Martin Luther hat die Kirche aus der „babylonischen Gefangenschaft", wie er schrieb, des Papstes befreit, Michael Sattler hat sie aus der babylonischen Gefangenschaft des Staates befreit, wie es danach in Deutschland nur der Bekennenden Kirche in der Nazidiktatur 1934 gelungen ist. Wir gedenken seiner in Ehrfurcht. Im Reformationsjahr 2017 soll der Name dieses Märtyrers leuchten!

2. Damit kommen wir zur Laudatio

Ich freue mich sehr zu verkünden, dass der Michael-Sattler-Friedenspreis in diesem Jahr 2016 an die Ekklesiyar Yan'uwa a Nigeria (EYN) und an die Christlich-Muslimische Friedensinitiative (CAMPI) in Nigeria geht. Ich begrüße herzlich Bruder Ephraim Kadala, Pastor und Friedenskoordinator der Kirche und Bruder Hussaini Shuaibu, Fachhochschullehrer, Mediator und muslimischer Mitarbeiter von CAMPI. Sie sind uns beide herzlich

willkommen, und wir danken ihnen, dass sie den weiten Weg von Nordni-
geria nach Süddeutschland auf sich genommen haben. Wir denken oft an
sie, beten für sie und blicken in brüderlicher Verbundenheit auf die Frie-
densinitiativen der Christen und der tapferen Muslime, die sich dem Terror dort entgegenstellen. Sie sind uns ein Vorbild für den Einsatz für Frieden und gegen Terror und Tod.

Die Ekklesiyar Yan'uwa hat ihre Heimat im Nordosten Nigerias. Sie
heißt auf Deutsch „Kirche der Geschwister" und wurde von der amerikanischen Church of the Brethren 1923 gegründet, einer der „historischen
Friedenskirchen". Sie hat etwa eine Million Mitglieder. Sie ist im Ökumenischen Rat der Kirchen vertreten. Sie leidet seit Jahren extrem unter den
Angriffen der Terrororganisation Boko Haram. Von den im April 2014 ent-
führten 276 Schulmädchen gehörten 178 zur „Kirche der Geschwister",
was unsere Zeitungen nicht meldeten – außer dem Schwäbischen Tagblatt
vom 19. Mai 2016. Mehr als 10.000 Christen sind im Laufe der Jahre ermordet worden, darunter sechs Pastoren. Tausende wurden vertrieben,
Schulen und theologische Seminare wurden zerstört.

In dieser gefährlichen Situation leistet die Ekklesiyar Yan'uwa aktiven
Friedensdienst: Frieden, d. h. Leben und leben lassen, Terror, d. h. töten
und getötet werden.

Terrorismus entsteht in den Herzen und Köpfen von Menschen und
muss darum in den Herzen und Köpfen der Menschen überwunden werden. Das ist die Sprache des Friedens, die Leben schafft, nicht der Gewalt.
„Terroristen verstehen nur die Sprache der Gewalt", wird uns von allen
Seiten gesagt. Aber die „Sprache der Gewalt" hat die Zahl von einigen hun-
dert Terroristen zu Bin Ladens Zeiten zu zehntausenden in ISIS-Boko-Ha-
ram heute emporschnellen lassen.

Es ist gut, wenn die Christlich-Muslimische Friedensinitiative (CAMPI)
die jungen Männer davon abhält, sich dem Töten und Getötetwerden hin-
zugeben und sie für das Leben zurückgewinnt.

Es ist gut, wenn Christen und Muslime sich um die missbrauchten Kin-
dersoldaten kümmern, um sie vom Trauma des Tötens zu heilen.

Es ist gut, wenn die Opfer von Unrecht und Gewalt in Workshop-Zen-
tren der Kirche den Weg aus Schmerz und Trauer herausfinden.

Den Menschen von Boko Haram zu vergeben, was sie anrichten, heißt,
ihnen den Weg zum Leben zeigen, und das Böse, das sie in ihren Opfern an
Hass und Vergeltungssucht erwecken, zu überwinden. Insofern öffnet die
Vergebung den Tätern die Chance zur Umkehr und macht die Opfer frei
von der Fixierung auf die Täter. Wir wünschen nicht, dass die Menschen

von Boko Haram vernichtet werden, sondern dass sie zu einem Leben in Frieden bekehrt werden.

Wir lassen uns durch die Feindschaft nicht zu Feinden unserer Feinde machen, sondern sehen auf den Willen unseres Vaters im Himmel, dessen Kinder wir sind und bleiben wollen.

Wir danken der „Kirche der Geschwister" und der Christlich-Muslimischen Friedensinitiative für ihr Friedenszeugnis in Todesgefahren und sind ihre Geschwister und Freunde.

20. Mai 2016, Rottenburg am Neckar

Jürgen Moltmann

(Jürgen Moltmann ist emeriterter Professor für Systematische Theologie an der Eberhard-Karls-Universität Tübingen [1967–1994]. Seit 1978 war er Mitglied der Christlichen Friedenskonferenz. Von 1963 bis 1983 war er Mitglied der Kommission für Glauben und Kirchenverfassung und von 1977 bis 1993 Vorsitzender der Gesellschaft für Evangelische Theologie. Moltmann begreift seine Theologie immer auch als politisch verantwortlich, ganz im Sinne der politischen Theologie von Johann Baptist Metz, dessen Entwurf von Moltmanns „Theologie der Hoffnung" beeinflusst wurde.)

Lutherisch und ökumenisch engagiert

Eine Erwiderung

Im Herbst 2015 ist mit dem „Handbuch Weltanschauungen, Religiöse Gemeinschaften, Freikirchen" eine Neukonzeption des bisherigen „Handbuchs Religiöse Gemeinschaften" (zuletzt: Gütersloh ⁶2006) erschienen. Der Ausschuss „Religiöse Gemeinschaften" der Vereinigten Evangelisch-Lutherischen Kirche Deutschlands (VELKD) hat innerhalb von sechs Jahren dieses Opus Magnum erarbeitet. Diesem Kreis gehören Weltanschauungsbeauftragte der Landeskirchen an, zum Teil werden auch Expertisen weiterer Fachexperten herangezogen. Als Herausgeber dieses Werkes zeichnet – und das ist ein Alleinstellungsmerkmal dieser Publikation – die Kirchenleitung der VELKD verantwortlich. Nach der Präsentation des Handbuchs auf der Generalsynode der VELKD in Bremen im November 2015 war das Interesse an der Publikation in den Gliedkirchen bzw. Landeskirchen in der Evangelischen Kirche in Deutschland (EKD) so groß, dass der Verlag eine Lizenzausgabe für Mitarbeitende der Evangelischen Kirche zu einem äußerst niedrigen Preis anbieten konnte. Damit konnte eine noch größere Verbreitung erzielt werden.

Zur Kritik am „lutherischen Handbuch"

Nun problematisiert Karl-Heinz Voigt in seinem Beitrag (ÖR 65, 422 ff) die Zielsetzung und Konzeption dieses Handbuchs grundsätzlich und wiederholt damit Bedenken, die die früheren Auflagen des Vorgängerwerkes immer wieder begleitet haben. Er unterstellt dem Autorenkreis eine „abgrenzende Selbstdarstellung" und im Blick auf die Freikirchen den Anspruch einer „konfessionellen Deutungshoheit". Er vermisst im Handbuch außerdem Darstellungen der konfessionellen Freikirchen (z. B. Selbständige Evangelisch-Lutherische Kirche, SELK) sowie der römisch-katholischen und der orthodoxen Kirchen und vermutet dahinter „unterschiedliche Wertschätzungen". Voigt befürchtet, dass die VELKD, insbesondere wenn das Handbuch von Schulen und Behörden zu Rate gezogen wird, „ein erhebliches Maß an ökumenischer Verantwortung", v. a.

ÖR 65 (4/2016), S. 568–573

im Blick auf die Freikirchen, übernimmt. Besonders kritisiert er die im Handbuch vorgenommene Freikirchen-Definition, wonach „Freikirchen in Abgrenzung zu den Staats- bzw. Volkskirchen entstanden sind". Er wirft den Autoren vor, „in Kirchenfragen in einem nationalen Denken gefangen" zu sein. Die genannten typischen Kennzeichen von Freikirchen (freiwillige Mitgliedschaft, Laienengagement, hohe Verbindlichkeit in Glaubensfragen und praktischer Lebensführung sowie eine grundsätzliche ökumenische Offenheit) werden nicht bestritten, jedoch neuen theologischen Ansätzen v. a. im angelsächsischen Raum zugeschrieben. Damit hat Voigt zweifelsohne Recht. Das Handbuch befasst sich jedoch mit Freikirchen im deutschen Sprachraum. In den Einzeldarstellungen wird, vor allem im Blick auf die Geschichte, deutlich, dass theologische Ansätze zum Entstehen von „Freikirchen" geführt haben (so z. B. der Methodismus, 102 ff). Ebenso verhält es sich mit dem Vorwurf, die Freikirchen in verengter Perspektive beschrieben zu haben. Er bezieht seine Kritik insbesondere auf das einführende Kapitel (57–64). Die Darstellung dort konzentriert sich auf die Situation in Deutschland. Die theologischen Impulse und Motive für das Entstehen der einzelnen Freikirchen und die jeweiligen Rahmenbedingungen werden jeweils in den Einzeldarstellungen benannt. Er übersieht, dass der Aufbau der Einzelartikel einem bestimmten Schema folgt. Es umfasst: Überblick, Wahrnehmung, Geschichte, Lehre, Glaubenspraxis, Organisation, Stellung zur Ökumene, Stellung in der Gesellschaft sowie Stellungnahmen und Ratschläge. Stattdessen behauptet Voigt: „… auf die skizzenhafte Darstellung ihrer ‚Geschichte' folgt unmittelbar [sic!] deren ‚Organisationsstruktur'."

Voigt sieht sich bei seinen Ausführungen zu einer Freikirchen-Apologie genötigt. Schließlich konstatiert er: „Es ist eher richtig zu sagen, dass sich Staats- und Volkskirchen bis in das vorliegende Handbuch hinein ‚abgrenzen'." Er bestreitet, dass die Fragen, mit denen kirchliche Weltanschauungsbeauftragte, von ihm als „spezieller Kreis" tituliert, befasst sind, völlig anderer Natur seien als die bilateralen Gespräche mit Freikirchen. Damit übersieht er jedoch, dass kirchliche Weltanschauungsbeauftragte sehr wohl zu ökumenischen Themen bzw. Stellungnahmen angefragt werden und sich gleichzeitig am ökumenischen Gespräch beteiligen (siehe etwa den langjährigen Gesprächs- und Konsultationsprozess mit der Neuapostolischen Kirche). Es ist nicht förderlich, Perspektiven der kirchlichen Weltanschauungsbeauftragten gegen bilaterale ökumenische Dialoge auszuspielen, wenn Voigt hinter dem apologetischen Engagement der VELKD mangelnden gegenseitigen ökumenischen Respekt vermutet.

Im Folgenden sollen Entstehung, Ziel, Konzeption und Erarbeitung des Handbuchs dargelegt und dabei auf die Kritikpunkte Voigts eingegangen werden.

Entstehung

Das vorliegende Handbuch von 2015 knüpft an Vorgänger-Publikationen der VELKD an. Bereits von 1953 bis 1963 wurden auf Beschluss der Generalsynode der VELKD Erhebungen zu acht Freikirchen, fünf Sondergemeinschaften und 19 sogenannten „Sekten" durchgeführt. Das Ergebnis erschien in Form eines zweibändigen Ringbuches. 1978 erschien erstmals ein gebundenes Handbuch. Nimmt man die verschiedenen sechs Auflagen zur Hand, so zeigt sich rückblickend, wie sich Kategorien und Zuordnungen gewandelt haben. Heute hat sich das religiös-weltanschauliche Feld weiter ausdifferenziert. Dem sollte und musste mit der Auswahl und Darstellung Rechnung getragen werden. Die Konzeption und Erarbeitung der unterschiedlichen Ausgaben oblag dem Arbeitskreis „Religiöse Gemeinschaften" der VELKD (heute: Ausschuss Religiöse Gemeinschaften der VELKD). Ende 2010 wurde der Ausschuss für sechs Jahre neu berufen. Wie in früheren Jahren wurde dieser Kreis von der Kirchenleitung der VELKD mit der Erarbeitung eines neuen Handbuchs betraut. Ihm gehörten bis 2016 zwölf Landeskirchliche Beauftragte für Weltanschauungsfragen bzw. der Leiter der Evangelischen Zentralstelle für Weltanschauungsfragen (EZW) in Berlin an. Sechs weitere Experten erarbeiteten Vorlagen zu einzelnen Themenbereichen.

Ziel und Konzeption

Beim „Handbuch Weltanschauungen, Religiöse Gemeinschaften, Freikirchen" handelt es sich weder um „gelbe Seiten" noch um eine „schwarze Liste". Vielmehr versteht sich die Publikation als Beitrag zur religiösen Aufklärung. Das Handbuch stellt unterschiedliche Freikirchen, religiöse Gemeinschaften Weltanschauungen dar und gibt am Ende eines Artikels eine Einschätzung. Es ist ein Nachschlagewerk und befasst sich mit Phänomenen innerhalb des deutschen Sprachraums. Außerdem legt es die eigene Position der Wahrnehmung und Urteilsfindung offen. Es wird deutlich gemacht, dass dies aus der Perspektive der Evangelisch-Lutherischen

Kirche geschieht, d. h. „aus der Perspektive des christlichen Glaubens, wie ihm in den lutherischen Bekenntnisschriften der Kirche Ausdruck gegeben wird" (49).

Die neue Ausgabe hat im Vergleich zu den sechs Ausgaben seines Vorläufers neue Akzente gesetzt. Die Entscheidung, die Freikirchen wieder als eigene Rubrik aufzunehmen, wurde intensiv diskutiert und reflektiert. Ein wichtiges Kriterium war dabei die Wahrnehmung und Dokumentation der weltanschaulich-religiösen Pluralisierung, die sich seit längerem auch innerhalb des christlichen Spektrums zeigt. Schon längst wird bei Anfragen nicht mehr nur nach den „klassischen" Freikirchen gefragt. Zunehmend entstehen „neue Freikirchen" neucharismatischer oder neopentekostaler Prägung. Diese Veränderung sollte sich auch im neuen Titel niederschlagen, weshalb die „Freikirchen" ausdrücklich mit aufgenommen wurden, um sie von anderen „religiösen Gemeinschaften" abzuheben. Damit sollte auch dem Wunsch entsprochen werden, die Freikirchen nicht nur unter „religiösen Gemeinschaften" zu subsumieren. Zwischenzeitlich gab es auch die Überlegung, das Werk in zwei Bände aufzuteilen, was aber verworfen wurde – aus inhaltlichen wie praktischen Gründen. Bei vergleichbaren Werken hat sich eine Aufteilung nicht bewährt. Bei den Vorüberlegungen wurde auch geprüft, ob die sog. konfessionellen Freikirchen (Selbständige Evangelisch-Lutherische Kirche [SELK]) sowie weitere aufgenommen werden sollen. Dies lehnte der Ausschuss nach intensiver Diskussion ab, weil damit der ohnehin begrenzte Rahmen eines solchen Handbuchs deutlich gesprengt würde. Das Handbuch erwähnt sie kurz, verweist aber für weitere Informationen auf neuere konfessionskundliche Darstellungen (63 f). Würde man nach dem Vorschlag Voigts die römisch-katholische oder die orthodoxen Kirchen aufnehmen, so würde das den Rahmen eines Handbuchs deutlich überschreiten. Die vorliegende Publikation versteht sich zudem nicht als Ökumenische Kirchen- oder Konfessionskunde. Sicher wäre es interessant, wenn – wie von Voigt vorgeschlagen – die Arbeitsgemeinschaft Christlicher Kirchen ein entsprechendes Werk erarbeiten würde, um deutlich zu machen, was christlicher Glaube ist und wie er sich in den verschiedenen Konfessionen und Kirchen artikuliert. Der Reiz des vorliegenden Handbuchs besteht jedoch darin, dass es sich um eine dezidiert lutherische Perspektive handelt, die von einer ökumenischen Offenheit geprägt ist.

„Ökumenisches Engagement gehört zum Selbstverständnis der lutherischen Kirchen. Die VELKD stellt sich in diesen vielfältigen Gesprächen der Aufgabe, über das gegenseitige Verstehen zum gemeinsamen Verstehen unseres Glaubens zu kommen. Es ist ihre Hoffnung und Überzeugung, dass die Suche nach einem differenzierten Konsens auch die Gemeinschaft der Kirchen mit Jesus Christus und untereinander stärkt" (45). Somit schließen sich bilaterale ökumenische Dialoge und eine Darstellung, wo darauf explizit Bezug genommen wird, nicht aus. Das führt jedoch nicht zu Abgrenzung – im Gegenteil: In den einzelnen Artikeln wird exemplarisch aufgezeigt, wie sich die Ökumene in Deutschland verändert und wieviel an Gemeinsamkeiten und Übereinstimmungen erreicht ist. Gleichzeitig sollte es möglich sein, die verschiedenen Glaubensstile, die ja auch die Lebendigkeit und Vielfalt christlichen Glaubens in unterschiedlichen Kirchen dokumentieren, zu beschreiben und aus evangelisch-lutherischer Perspektive einzuschätzen.

Das Handbuch legt seine Voraussetzungen offen. Leitende Fragen waren u. a.: Gibt es Anfragen zu den Gemeinschaften? Welche Hilfestellungen gibt es für lutherische Kirchengemeinden im Umgang mit Freikirchen? Wo gibt es Gemeinsamkeiten, wo gibt es Unterschiede? Das Handbuch möchte gerade mit der Aufnahme des Kapitels „Freikirchen" für ökumenische Wahrnehmungsfähigkeit und Sensibilität vor Ort sorgen. In den einzelnen Artikeln finden vorliegende Konsenserklärungen und erreichte Vereinbarungen bilateraler Dialoge ausreichend Berücksichtigung. Insofern sind die jeweiligen Darstellungen auch Frucht dieser Dialoge. Damit ist die Behauptung, wonach das vorliegende Werk „in einen Sog der Abgrenzungen" geraten sei, schlicht falsch. Hinzu kommt ein weiterer Aspekt: Die einzelnen Artikel wurden bei der Abfassung in engem Kontakt mit den jeweiligen Freikirchen abgestimmt bzw. ihnen vorab zur Kenntnis gegeben, um ihnen die Möglichkeit zu geben, darauf zu reagieren und Fehler in der Darstellung zu korrigieren. Das ist für den Ausschuss ein selbstverständlicher Umgang innerhalb der christlichen Glaubensfamilie. Es ist ein dialogischer Prozess, der eben nicht von Abgrenzung bestimmt ist. Insofern vermag ich beim besten Willen nicht zu erkennen, was dabei – wie von Voigt behauptet – dem Geist der Charta Oecumenica zuwiderlaufen sollte. Leider hat es Voigt versäumt, seinen Verdacht am Beispiel einzelner Artikel zu konkretisieren. Bei einer genauen Lektüre der Einzeldarstellungen der Freikirchen wird deutlich, dass sie dem Geist der Charta Oecumenica dahingehend entsprechen, indem die Darstellungen von Freikirchen dabei „helfen, Missverständnisse und Vorurteile zwischen Mehrheits- und Minderheitskirchen in unseren Ländern abzubauen". Das hat noch weitere positive Folgen: Über das kirchliche Spektrum hinaus wird mit diesem Werk auch das überaus große Engagement der christlichen Freikirchen gewürdigt, indem einer

breiteren Öffentlichkeit zuverlässige Informationen zur Verfügung gestellt
werden. Wie bereits bei den Vorgängerversionen des Handbuchs haben einzelne Autoren Vorlagen zu den Freikirchen und religiösen Gemeinschaften erarbeitet, die dann im Ausschuss diskutiert und nach mehrmaliger Überarbeitung – wo möglich auch in direkter Kommunikation mit den verschiedenen Freikirchen und Gemeinschaften – verabschiedet wurden. Insofern handelt es sich um ein Gemeinschaftswerk, das in enger Abstimmung mit der Kirchenleitung der VELKD und auch mit dem im Kirchenamt der VELKD zuständigen Referenten für Ökumene über fünf Jahre hinweg erstellt wurde. Für die einzelnen Artikel wurde auch die Meinung der jeweiligen Freikirchen eingeholt. Insofern waren die Freikirchen in diesen Prozess mit einbezogen.

Fazit

Insgesamt scheint Voigt mit seiner grundsätzlichen Kritik am „Handbuch Weltanschauungen, Religiöse Gemeinschaften, Freikirchen" einer Hermeneutik des Verdachts zu erliegen. Er unterstellt seinen Autoren gar einen Rückfall hinter die Konsensökumene. Zudem befürchtet er ein mögliches Deutungsmonopol der VELKD. Leider hat er es im vorliegenden Fall versäumt, seine Verdachtsmomente und Kritikpunkte anhand konkreter Belege in den Einzeldarstellungen zu den Freikirchen zu exemplifizieren. Festzuhalten bleibt: Das Gespräch über christliche Orientierung angesichts weltanschaulich-religiöser Vielfalt ist nicht beendet. Mit dem Handbuch hat es gerade erst begonnen.

Matthias Pöhlmann

(Dr. Matthias Pöhlmann, Kirchenrat, Landeskirchlicher Beauftragter für Sekten- und Weltanschauungsfragen der Evangelisch-Lutherischen Kirche in Bayern, München, sowie Vorsitzender des Ausschusses „Religiöse Gemeinschaften" der Kirchenleitung der Vereinigten Evangelisch-Lutherischen Kirche Deutschlands [VELKD]. Mitherausgeber des „Handbuchs Weltanschauungen, Religiöse Gemeinschaften, Freikirchen", Gütersloh 2015.)

Ökumenisch begründete Hoffnung im Angesicht des Todes

Eine Würdigung des theologischen Lebenswerks von Harald Wagner

Harald Wagner, mein Kollege an der Katholisch-Theologischen Fakultät in Münster, ist am 7. Juni 2016 im Alter von 72 Jahren verstorben. Ein längerer Weg der Krankheit ging voraus. Nach einem Schlaganfall war er bereits vor der Emeritierung an den Rollstuhl gebunden und hat dennoch bis zu seinem 65. Lebensjahr seine Lehrverpflichtungen im Fachgebiet „Dogmatik und Dogmengeschichte", so gut er es konnte, treu erfüllt.

Harald Wagner ist in den letzten Zeiten des Zweiten Weltkrieges am 12. Februar 1944 im Sudetenland (in Benisch/Kreis Freudenthal) geboren. Auf der Flucht hat er mit seiner Mutter, die später im hohen Alter noch lange Zeit mit ihm lebte, sehr viel Leid erfahren. Seine einzige Schwester und auch der Vater starben früh. Wie viele Flüchtlingsfamilien aus dem Osten fand er mit seiner Mutter Zuflucht im Raum Gießen, wo er 1963 das Abitur machte. Die Studien an der Jesuitenfakultät in St. Georgen/Frankfurt a. M. und München während der Konzilszeit 1963–65 haben ihn nachhaltig geprägt. Die Zeit nach dem Zweiten Vatikanischen Konzil hat Harald Wagner im Studium in Rom verbracht (1965–1972). In diesen Jahren hat er wichtige Anliegen des Konzils aufgenommen und sich sehr intensiv mit Fragen der Ökumene befasst. Im Anschluss an seine theologische Promotion 1972 in Rom war Wagner bis 1974 in der Pastoral in Frankfurt a. M. tätig; 1968 war er zum Priester der Diözese Limburg ordiniert worden. 1976 habilitierte er sich in fachlicher Begleitung von Heinrich Fries in Fundamentaltheologie und Ökumenischer Theologie und war seitdem als theologischer Lehrer in Schwäbisch Gmünd, Marburg, Fulda und Münster tätig.

Es gibt Themen in den zahlreichen Publikationen von Harald Wagner, die auf veränderte Weise wiederkehren und daher seine Interessen bei der Suche nach theologischer Erkenntnis offenlegen. Neben den Qualifikationsschriften finden sich in der Liste der Veröffentlichungen Lehrbücher zur Fundamentaltheologie und zur Dogmatik, herausgegebene Sammelbände zu ökumenischen Themen, viele Aufsätze zu Fragen der Eschatologie sowie zu Grenzbereichen Theologie und Medizinethik, zudem sehr viele Rezensionen, die auch seiner langjährigen Tätigkeit als Schriftleiter der Theologischen Revue in Münster geschuldet sind.

Bereits die ersten wissenschaftlichen Studien von Wagner sind im Horizont der ökumenischen Hermeneutik verortet: In seiner Dissertation (erschienen 1973 in Frankfurt a. M. unter dem Titel „An den Ursprüngen des frühkatholischen Problems. Die Ortsbestimmung des Katholizismus im älteren Luthertum") setzt Wagner sich kritisch mit Konzepten auseinander, die aus reformatorischer Sicht belegen, dass bereits in den ersten christlichen Jahrhunderten ein Verfall der ursprünglichen Kirchenwirklichkeit eingetreten ist, der dann durch die Reformation eine Korrektur erfahren hat. Die Frage nach der wahren Gestalt der „katholischen" Kirche – ein Begriff, der nicht konfessionell eingeengt betrachtet werden darf – bleibt ein Leitthema in der Theologie von Harald Wagner. In seiner Habilitationsschrift hat er sich folgerichtig mit einem römisch-katholischen Denker befasst, der in Fragen der Ekklesiologie in ökumenischer Perspektive eigene Wege ging: Johann Adam Möhler, dessen Frühwerk in der Studie von Wagner eingehende Würdigung findet. Es verwundert nicht, dass Harald Wagner angesichts seines frühen und durchgängig belegten Engagements in Fragen der Ökumene als Gesprächspartner in Gremien und bei Tagungen vielfach angefragt worden ist. Immer hat er sich in besonderer Weise dem Johann-Adam-Möhler-Institut in Paderborn verbunden gefühlt, oft in der Zeitschrift „Catholica" publiziert und Mitarbeiter des Instituts gefördert. Bei aller Offenheit für kritische Rückfragen an die römisch-katholische Theologie war Wagner in seiner konfessionellen römisch-katholischen Identität gefestigt.

Die „Ars moriendi" – die „Kunst des Sterbens" – war eines der von Harald Wagner vielfach aufgenommenen Themen. Viele Veröffentlichungen dazu liegen von ihm vor. 1989 hat er in Zusammenarbeit mit Torsten Kruse noch in Marburger Zeit einen Sammelband in der renommierten Reihe „Quaestiones Disputatae" zu dieser Fragestellung herausgegeben und auch reformatorisch geprägte Autoren zur Mitarbeit (unter ihnen Hans-Martin Barth) eingeladen. Im Vorwort erinnert Wagner an Gedanken zur Theologie des Todes von Karl Rahner, als einer dessen Nachfolger in Münster er sich stets verstanden hat. Seine Einleitung zu diesem Sammelband beschließt Wagner mit den Worten: „Am Ende menschlichen Lebens steht der Tod. Das Leben selbst wird weniger, löst sich auf beim Vorgang des Sterbens im engeren Sinn. Von daher bekommt das nachdenkliche Wort des Euripides seine anthropologische und auch theologische Bedeutung: ‚Wer weiß denn, ob das Leben nicht das Sterben ist und das Sterben Leben'" (Harald Wagner: Einleitung. Von einer Theologie des Todes zu einer Theologie des Sterbens; in: ders. [Hg.]: Ars moriendi. Erwägungen zur Kunst des Sterbens, Freiburg – Basel – Wien 1989, 13). Möge Harald Wagner in dieser gläubigen Zuversicht gestorben sein!

Dorothea Sattler

(Dorothea Sattler ist Professorin für Ökumenische Theologie und Dogmatik und Direktorin des Ökumenischen Instituts an der Katholisch-Theologischen Fakultät der Westfälischen Wilhelms-Universität Münster. Sie ist seit 2005 wissenschaftliche Leiterin auf römisch-katholischer Seite im Ökumenischen Arbeitskreis evangelischer und katholischer Theologen.)

Gestern – heute – morgen

Auf dem *VI. Ökumenischen Bekenntniskongress der IKBG* (Internationale Konferenz Bekennender Gemeinschaften) vom 3. bis 6. September 2015 in Salzburg wurde das Thema *„Die gute Schöpfung Gottes und ihre Bedrohung"* behandelt. Die Kongressteilnehmenden verabschiedeten ein Dokument, die „Salzburger Erklärung" (www.ikbg.net), das sich gegen kirchliche, politische und gesellschaftliche Entwicklungen wendet, die den Menschen als Geschöpf Gottes bedrohen, wie die Propagierung der Abtreibung als „Menschenrecht", legalisierte aktive Sterbehilfe und die Erweiterung der traditionellen Ehe durch die „Homo-Ehe". Kritik wird auch an der Gender-Ideologie geübt, die behauptet, dass es nicht nur Mann und Frau gibt, sondern zahlreiche geschlechtliche Orientierungen. Zahlreiche hochrangige Persönlichkeiten sind unter den Erstunterzeichnern zu finden.

Ein weiterer Baustein im *Rezeptionsprozess* des Dokumentes *„Mission Respekt – Christliches Zeugnis in einer multireligiösen Welt"* wurde vom 13. bis 15. Juni in der Theologischen Hochschule Elstal bei Berlin gesetzt. Damit wurde dem Ergebnis des MissionRespekt-Kongresses vom August 2014 Rechnung getragen, dass in ethischen Fragen im Blick auf die Mission weitgehend Einigkeit zwischen den christlichen Konfessionen herrscht, theologisch aber nach wie vor vieles zu diskutieren ist. Fast fünfzig theologische Wissenschaftler und Wissenschaftlerinnen aus evangelischer, katholischer und freikirchlicher Tradition waren der Einladung der Veranstalter (darunter auch die AMD) gefolgt und diskutierten Übereinstimmungen und Divergenzen verschiedener Missionsdokumente (Evangelii Gaudium, Kapstadtverpflichtung, Gemeinsam für das Leben). In Vorträgen und Workshops wurden unterschiedliche Themen fokussiert, z. B. „Bekehrung und Taufe als Zielbestimmung von Mission", „Eschatologie und Heil als Motivation für und Horizont von Mission", „Gerechtigkeit als Ziel von Mission", „Mission als Einladung zur Anbetung". Auszüge der Vorträge sind Ende August in einem Brennpunkt Gemeinde erschienen, eine umfangreichere Dokumentation in Buchform folgt.

Im Rahmen einer *Summer School* beschäftigten sich internationale Studierende der Kommunikationswissenschaft und Theologie vom 23. bis 31. Juli in Jamaika mit den Themenbereichen *Medien und Globalisierung* sowie *Religion in Massenmedien.* Die Teilnehmenden lernten verschiedene Kommunikationstheorien kennen und befassten sich mit Herausforderungen in der Kommunikation innerhalb der Ökumene und im interreligiösen Dialog. Die Summer School wurde gemeinsam von der Northern Carlbbean University (Manchester, Jamaika), der Friedrich-Alexander-Universität Erlangen-Nürnberg, dem Ökumenischen Rat der Kirchen (ÖRK) und dem Weltverband für christliche Kommunikation (WACC) ausgerichtet. Der Kurs umfasste die Schwerpunkte Kommunikationsrechte, Kommunikation in der Ökumene, Medienethik, Gender und Kommunikation und Kommunikation für sozialen Wandel.

Vom 24. bis 28. Juli hat sich die *Studiengruppe der Kommission von Glauben und Kirchenverfassung des ÖRK* in Erfurt getroffen, die sich mit dem Thema *moralische Urteilsbildung in Kirchen und Autorität* befasst. Da die Einheit der Kirchen zunehmend durch unterschiedliche Standpunkte zu moralischen Fragen gefährdet ist, werden die Studien über die Frage fortgeführt, wie Kirchen zu den ethischen Entscheidungen kommen und was aus ähnlichen Problemstellungen der Vergangenheit gelernt werden kann. Um diesen Lernprozess zu unterstützen, wurden Autorinnen und Autoren aus unterschiedlichen konfessionellen Traditionen eingeladen, eine Analyse des Entscheidungsfindungsprozesses und der daran beteiligten Personen vorzulegen. Die Studiengruppe hat sich mit neun Arbeiten befasst. Die Diskussionsleitung hatten Professor Wladimir Schmaliy von der Russischen Orthodoxen Kirche und Professorin Myriam Wijlens von der römisch-katholischen Kirche. Auf der nächsten Sitzung der Kommission für Glauben und Kirchenverfassung im Juni 2017 in Südafrika wird die Studiengruppe ihre Ergebnisse und Empfehlungen zur weiteren Betrachtung vorlegen. Zwischen 2007 und 2013 hatte die Kommission bereits eine erste Studie unternommen, veröffentlicht unter dem Titel „Moralische Urteilsbildung in Kirchen: ein Studiendokument".

Unter dem Leitwort *Selig die Barmherzigen; denn sie werden Erbarmen finden (Mt 5,7) wurde der XXXI. Weltjugendtag,* das internationale Jugendtreffen der römisch-katholischen Kirche, vom 26. bis 31. Juli in Krakau begangen. Die Hauptveranstaltungen des Weltjugendtags begannen mit der Eröffnungsmesse am 26. Juli, die vom Erzbischof von Krakau zelebriert wurde. In der Woche hielten verschiedene Bischöfe Katechesen. Am 28. Juli wurde der Papst im Rahmen einer Begrüßungszeremonie willkommen geheißen. Am 29. Juli wurde ein Kreuzweg begangen, der auch die Möglichkeit zur Buße und zur Feier des Sakraments der Versöhnung bot. Bevor am 31. Juli die Aussendungsmesse mit dem Papst gefeiert wurde, fand am Vorabend eine Gebetsnacht, die Vigil, statt. Der nächste Weltjugendtag wird voraussichtlich 2019 in Panama sein.

Der *antiochenisch-orthodoxe Patriarch Youhanna X.* besuchte vom 16. bis 22. August *Polen*. Der „Patriarch von Antiochien und dem ganzen Orient" kam einer Einladung des Oberhaupts der polnisch-orthodoxen Kirche, Metropolit Sawa (Hrycuniak), nach. Die Kirche von Polen hatte am orthodoxen Konzil auf Kreta im Juni teilgenommen, während die Kirche von Antiochien zu den vier „Boykotteuren" gehörte. Daher kamen nicht nur *bilaterale,* sondern auch *universalkirchliche orthodoxe Fragen* zur Sprache. In der offiziellen Ankündigung hieß es, der Patriarch werde in Polen die Sorgen der Kirche von Antiochien „unter den gegenwärtigen Umständen" mit allen Herausforderungen und Schwierigkeiten darlegen.

Vom 25.–30. August fand in Helsinki die XIX. *Wissenschaftliche Konsultation der Societas Oecumenica* statt, die unter dem Thema *Just do it? Anerkennung und Rezeption im ökumenischen Miteinander* stand. Den Hauptvortrag hielt der französische Philosoph Marcel Henaff: *A philosophical Approach to Recognition and Reception.* Im Rahmen des Abschlusspodiums sprach auch der Generalsekretär der Konferenz Europäischer Kirchen (KEK), der orthodoxe Priester Heikki Huttunen. Eine große Gruppe von Nachwuchsforschern und -forscherinnen erhielt die Möglichkeit, Kurzvorträge zu halten. Die langjährige Präsidentin Dagmar Heller wurde abgelöst von Ulrike Link-Wieczorek,

Professorin an der Universität Oldenburg. Auch die katholische Theologin Johanna Rahner schied aus dem Standing Committee aus.

Der *20. Renovabis-Kongress* wurde vom 31. August bis zum 2. September zum Thema *„Zeugen des Evangeliums – Gestalter der Welt. Zur Rolle der Orden in Mittel- und Osteuropa"* in Freising begangen. Im Mittelpunkt des Kongresses stand die Rolle und Tätigkeit der Orden in den heutigen Gesellschaften in Mittel- und Osteuropa. Neben einer kurzen Einführung zur Entwicklung des Ordenslebens im 20. Jahrhundert, besonders zum Aufbruch oder Neubeginn nach den politisch-gesellschaftlichen Umwälzungen vor einem Vierteljahrhundert, wurde der Einsatz einzelner Ordensgemeinschaften in Bereichen wie beispielsweise Schule, Caritas, Pastoral und Flüchtlingshilfe vorgestellt. Den Eröffnungsvortrag hielt P. Frano Prcelo OP aus Mainz.

Auf ihrer Jahrestagung vom 1. bis 4. September in München haben die Evangelische Kirche in Deutschland und die anglikanische Kirche von England an die *Unterzeichnung der Meißener Erklärung* vor 25 Jahren erinnert. In der „Meißener Erklärung" von 1991 verpflichten sich die Vertragspartner, sich gemeinsam auf den Weg zur vollen, sichtbaren Einheit ihrer Kirchen zu begeben. Das Jubiläum wurde mit einem festlichen Abendprogramm und einem Abendmahlsgottesdienst gefeiert.

Vom 1. September – dem ersten Tag des orthodoxen Kirchenjahres – bis zum 4. Oktober – dem Gedenktag des Franz von Assisi, des Schutzheiligen von Tieren und Natur in der katholischen Tradition – sind die Kirchen weltweit aufgerufen, eine *Zeit der Schöpfung* abzuhalten. Mit einem Abendgebet im Petersdom wies Papst Franziskus am 1. September auf *globale Umweltprobleme* hin. Franziskus hatte vor einem Jahr Katholiken weltweit aufgerufen, den 1. September künftig als *Gebetstag zur Bewahrung der Schöpfung* zu begehen. Er folgte damit einer Anregung des Ökumenischen Patriarchen Dimitrios I. Auf dessen Initiative finden in orthodoxen Kirchen am gleichen Datum bereits seit 1989 Gebete und Gottesdienste zum Schutz der Umwelt statt. Franziskus äußerte bei der Übernahme des Aktionstags die Hoffnung, dass sich weitere Kirchen der Aktion anschließen.

Unter dem Motto *„Die ganze Schöpfung – Lobpreis Gottes"* hat die Arbeitsgemeinschaft Christlicher Kirchen in Deutschland (ACK) am 2. September den diesjährigen *ökumenischen Tag der Schöpfung* begangen. Die zentrale Feier fand auf dem ehemaligen Landesgartenschaugelände „Park am Mäuseturm" in Bingen am Rhein statt. Dort gab es einen „Markt der Möglichkeiten" mit Ständen kirchlicher Umweltverbände sowie zahlreiche Projekte in Sachen Nachhaltigkeit und Bewahrung der Schöpfung. Im Rahmen der Feier verlieh das Bistum Mainz sei-

nen Umweltpreis an fünf Projekte zur „Bewahrung der Natur vor Ort". Die Predigt hielt die Direktorin des Ökumenischen Instituts an der Universität Münster, Dorothea Sattler.

Eine ökumenische Gruppe der Kirchen auf den Bahamas erarbeitete vom 4. bis 9. September in Nassau, der Hauptstadt der Bahamas, die Texte für die *Gebetswoche für die Einheit der Christen 2018*. Die nationale Vorbereitungsgruppe unter der Federführung von Erzbischof Kenneth Richards (Jamaika) von der Antilles Episcopal Conference (AEC) sowie Gerard Granado, Generalsekretär der Carribean Conference of Churches (CCC), will sich auch aus Anlass der UN-Dekade für die Menschen afrikanischer Herkunft (2015–2024) in einer „postkolonialen Spiritualität" für das Ringen um die sichtbare Einheit der Kirche und die menschliche Freiheit einsetzen. Seit 1968 wird die Gebetswoche für die Einheit der Christen, deren Ursprünge bereits auf das Jahr 1910 zurückgehen, gemeinsam vom Päpstlichen Rat zur Förderung der Einheit der Christen und der Kommission für Glauben und Kirchenverfassung des Ökumenischen Rates der Kirchen (ÖRK) vorbereitet. Jedes Jahr werden die Texte von einer anderen Region der Welt vorbereitet. Die Woche findet weltweit vom 18. bis 25. Januar statt.

Auf der *24. Weltkonferenz der Pfingstbewegung*, die vom 7. bis 10. September in São Paulo (Brasilien) stattfand, wurde das 60. Jubiläum der Pfingstbewegung gefeiert. Der Event hatte Besucher aus über 20 Ländern und Referenten verschiedener Nationalitäten. In seinem Grußwort hat der Generalsekretär des Ökumenischen Rates der Kirchen (ÖRK), Olav Fykse Tveit, die Pfingstkirchen zur Beteiligung am Einsatz und am Gebet für die Bewahrung der Schöpfung aufgerufen. Seit 15 Jahren unterhält der ÖRK einen Dialog mit Pfingstkirchen. Auch Vertreter des Globalen Christlichen Forums, der Weltweiten Evangelischen Allianz, des Päpstlichen Rates zur Förderung der Einheit der Christen und des Lutherischen Weltbunds nahmen an der Konferenz der Pfingstkirchen teil.

Die *gemeinsame Arbeitsgruppe des Ökumenischen Rates der Kirchen (ÖRK) und der römisch-katholischen Kirche* hielt vom 13. bis 17. September ihre jährliche Tagung im Château de Bossey in der Schweiz ab. Die Arbeitsgruppe wurde 1965 gegründet und begleitet die Zusammenarbeit der zwei Organisationen in den Bereichen Glauben und Kirchenverfassung, Mission und Evangelisation, Gerechtigkeit und Frieden, ökumenische Ausbildung und interreligiöser Dialog. In der aktuellen zehnten Phase ihres Bestehens soll der Schwerpunkt auf folgende zwei Themen gelegt werden: Friedensförderung und Dialog in Konfliktgebieten und die Notlage und Aussichten von Migranten und Flüchtlingen.

Die *14. Vollversammlung der Internationalen Kommission für den theologischen Dialog zwischen katholischer und orthodoxer Kirche*, die vom 15. bis 22. September in Chieti tagte, hatte als Hauptthema die Beratung des Dokumenten-Entwurfs „Auf dem Weg zu einem gemeinsamen Verständnis von Synodalität und Primat im Dienst der Einheit der Kirche". Unter der Leitung des Präsidenten des Päpstlichen Rates zur Förderung der Einheit der Christen, Kurt Kardinal Koch, und des Repräsentanten des Ökumenischen Patriarchats von Konstantinopel beim Ökumenischen Rat der Kirchen (ÖRK), Erzbischof Job (Getcha), nahmen je 28 katholische und 28 orthodoxe Repräsentanten teil, darunter auch einige Theologinnen. Das Dokument fand mit dem leicht abgeänderten Titel *„Synodalität und Primat im ersten Jahrtausend: Auf dem Weg zu einem gemeinsamen Verständnis im Dienst der Einheit der Kirche"* allgemeine Zustimmung. Nur die Delegation der georgisch-orthodoxen Kirche brachte in einer eigenen Stellungnahme ihre abweichende Meinung zu einzelnen Abschnitten des Dokuments zum Ausdruck.

Der Ökumenische Rat der Kirchen (ÖRK) hatte Mitgliedskirchen und kirchliche Organisationen eingeladen, vom 18. bis 24. September an einer Aktionswoche für einen gerechten Frieden in Palästina und Israel teilzunehmen. Während der *Weltweiten Aktionswoche für Frieden in Palästina und Israel* haben

582 Kirchen aus verschiedenen Ländern ein eindeutiges Signal an die politischen Entscheidungsträger, die Öffentlichkeit und die eigenen Gemeinden gesandt, dass ein Friedensabkommen, das die Rechte und die Zukunft beider Völker sichert, dringend notwendig ist.

Die christlichen Kirchen in Deutschland eröffneten die bundesweite *Interkulturelle Woche 2016* am 25. September in Friedland mit einem ökumenischen Gottesdienst und einem Begegnungsfest unter dem Motto „*Vielfalt. Das Beste gegen Einfalt*". Der Gottesdienst wurde u. a. gestaltet vom Vorsitzenden der Migrationskommission der Deutschen Bischofskonferenz, Bischof Norbert Trelle, dem Kulturbeauftragten der Evangelischen Kirche in Deutschland, Dr. Johann Hinrich Claussen und Archimandrit Gerasimos Frangoulakis, Griechisch-Orthodoxe Metropolie von Deutschland. Das Grenzdurchgangslager Friedland ist seit seiner Gründung 1945 für mehr als vier Millionen Menschen zum „Tor zur Freiheit" geworden. Im Rahmen der Interkulturellen Woche fanden in Deutschland rund 5.000 Veranstaltungen in über 500 Städten und Gemeinden statt.

Das *Weltfriedenstreffen in Assisi* vom 18. bis 20. September, zu dem auch Papst Franziskus kam, wurde von der katholischen Gemeinschaft Sant'Egidio organisiert. Das 30. Jubiläum der Veranstaltung stand in diesem Jahr unter dem Leitwort „*Durst nach Frieden*". 1986

hatte Papst Johannes Paul II. die Vertreter anderer christlicher Kirchen und Religionen erstmals zu einem Gebetstreffen nach Assisi eingeladen.

Jedes Jahr am 21. September ruft der Ökumenische Rat der Kirchen (ÖRK) Kirchen und Gemeinden auf, den *Internationalen Gebetstag für den Frieden* zu begehen. An diesem Tag findet auch der Internationale Tag des Friedens der Vereinten Nationen statt. Der Internationale Gebetstag wurde 2004 als Teil der ökumenischen Dekade zur Überwindung von Gewalt (2001–2010) und nach einer Vereinbarung zwischen den Leitungen des ÖRK und der Vereinten Nationen ins Leben gerufen.

Unter dem Titel „*Versöhnt miteinander*" hat die Arbeitsgemeinschaft Christlicher Kirchen in Deutschland (ACK) auf ihrer Mitgliederversammlung am 28. und 29. September in Augsburg ein *Wort zu 500 Jahre Reformation* in einem feierlichen Gottesdienst und einem sich anschließenden Festakt präsentiert. In ihm sind ökumenische Perspektiven für die Feierlichkeiten und das ökumenische Miteinander benannt. Ausgehend von den Grundanliegen der Reformation setzte sich die Mitgliederversammlung in einem *gemeinsamen Studientag* mit den Geschäftsführern der regionalen ACKs mit dem Thema „*Freiheit*" auseinander. Dazu beleuchteten der katholische Moraltheologe Eberhard Schockenhoff (Freiburg), die evangelische Ethikerin Elisabeth Gräb-Schmidt (Tübingen), die baptistische Kirchengeschichtlerin Andrea Strübind (Oldenburg) sowie der orthodoxe Systematiker Daniel Munteanu (Bamberg/Targoviste) verschiedene Aspekte der Freiheit aus ihrer jeweiligen konfessionellen Sicht.

Vom 30. September bis 2. Oktober feierte das Ökumenische Institut Bossey *70 Jahre Ökumenische Ausbildung.* Ein Begegnungsabend mit Studenten, einen Tag der Offenen Tür mit Gebeten in der Bossey-Kapelle, ein Abendkonzert sowie Präsentationen und Diskussionen zum Thema *„Friedensförderung und die Rolle der Religionen"* mit Teilnehmern der Vereinten Nationen, der Schweizer Regierung und des Schweizer Rates der Religionen waren die Programmpunkte.

Die *28. Tagung der Arbeitsgemeinschaft Ökumenische Forschung* (ERF/AÖF) fand vom 21. bis 23. Oktober in der Missionsakademie an der Universität Hamburg statt. Das Hauptreferat hielt: Fr. Dr. K. M. George, Mahatma Ghandi University , Kottayam, India zum Thema *"Towards a Theology of the Body: Ecumenical and Ecosophical Implications".* Die Jahrestagungen der AÖF sind eine gute Gelegenheit, Kontakte zu knüpfen, Ideen auszutauschen, Forschungsprojekte vorzustellen und in Kleingruppen zu diskutieren. Insbesondere für Doktorandinnen und Doktoranden ist die AÖF ein gewinnbringendes

wissenschaftliches Austauschforum, aber ebenso für Studierende, die an ihrer Diplomarbeit schreiben.

Die *ökumenische Bibelwoche 2016/2017* steht unter dem Motto *„Bist du es?"* Die Verse der Heiligen Schrift gibt es nun erstmals in der Fassung der „Lutherbibel 2017", so können die Gemeinden sieben Texte aus dem Matthäusevangelium noch vor der offiziellen Veröffentlichung zum Reformationstag am 31. Oktober nutzen. Im vergangenen Jahr feierte die Bibelwoche ihr 50. Jubiläum, die von der Deutschen Bibelgesellschaft, der Arbeitsgemeinschaft Missionarische Dienste im Diakonischen Werk und dem katholischen Bibelwerk verantwortet wird.

Zum Reformationsjubiläum 2017 wird von der Arbeitsgemeinschaft Missionarischer Dienste (AMD) vom 23.–25. März 2017 der missionarische Gemeindekongress *DYNAMISSIO* in Berlin veranstaltet, eine Tagung für haupt- und ehrenamtliche Mitarbeitende in Kirchengemeinden. Grundsatzreferate werden ergänzt durch Praxisbeispiele, Kurzbeiträge, Filme und Musik. Einen guten Teil des Programms können die Teilnehmenden darüber hinaus je nach Interesse und bevorzugter Arbeitsmethode selbst gestalten.

GETI 17 das steht für *Global Ecumenical Theological Institute 2017* und ist eine ökumenische Bildungsinitiative unter der Schirmherrschaft der Konferenz Europäischer Kirchen (KEK) und richtet sich an Theologiestudierende in ganz Europa. Vom 19. Mai bis 1. Juni 2017 finden dazu Studienkurse in Berlin statt. Im Fokus steht das Thema „Migration", das auch die Kirchen vor große Chancen und Herausforderungen stellt. Mit Blick auf einen europäischen Kontext will GETI 17 neue Perspektiven für Gesellschaft und Kirche erarbeiten.

Der *Deutsche Evangelische Kirchentag* wird vom 24. bis 28. Mai 2017 in Berlin und Wittenberg zu Gast sein. Er steht unter der Losung *„Du siehst mich"* (1 Mose 16,13). Diese Losung vereint in sich das Wissen, dass Gott uns ansieht, und die Aufforderung, im Umgang mit Anderen genau hinzusehen. In der Hauptstadt Berlin werden unter anderem der Zusammenhalt in Deutschland, Flucht und Migration, interreligiöser und interkultureller Dialog sowie der Blick nach vorn auf die nächsten 500 Jahre Protestantismus wichtige Themen sein. Die meisten Veranstaltungen finden in Berlin statt, aber die *größte Feier steigt in Wittenberg.* Am 28. Mai feiern Menschen aus aller Welt vor den Toren der Stadt auf den Elbwiesen mit Blick auf Schloss- und Stadtkirche und auf *500 Jahre Reformation.*

Die *Summer School 2017 „Es reicht. Was mich angeht."* beginnt am 24. Juli 2017 in Lutherstadt Wittenberg mit einer großen Eröffnungsveranstaltung. In vier Seminarwochen streiten, denken und feiern bis zu 800 Studierende und Promovierende an verschiedenen Orten in der Stadt. Das Abschlusskonzert der Orchesterakademie ist geplant für den 18. August, der feierliche Abschluss der Summer School für den 19. August 2017. Aktuelle Informationen finden sich auf der Website der Summer School (www.summerschool2017.org). Die Evangelische Kirche in Deutschland (EKD), der Verein Reformationsjubiläum 2017 (r2017), der Deutsche Evangelische Kirchentag (DEKT) und die Evangelische Studierendengemeinde (ESG) u. a. beteiligen sich mit Seminaren und im Rahmenprogramm, bei der Organisation im Vorfeld und vor Ort sowie durch ideelle und finanzielle Unterstützung.

„Suche Frieden" lautet das Motto des *101. Katholikentags* vom 9. bis 13. Mai 2018 in Münster. Münster wurde – zusammen mit Osnabrück – zur Friedensstadt, da dort 1648 der Dreißigjährige Krieg, der grausamste Krieg der frühen Neuzeit, beendet wurde. Auch wird an das Ende des Ersten Weltkriegs erinnert, das 2018 dann 100 Jahre zurückliegt. Das Leitwort kann auch als persönliche Aufforderung verstanden werden, selbst den Frieden zu suchen.

Von Personen

Hielke Wolters, Pastor der Protestantischen Kirche in den Niederlanden und seit 2007 in der Leitung des Ökumenischen Rates der Kirchen (ÖRK) in Genf, ist am 1. August in den Ruhestand getreten. Woiters kam 2007 als Direktor für Gerechtigkeit, Diakonie und Schöpfungsverantwortung zum ÖRK, seit 2011 war er beigeordneter Generalsekretär für Einheit, Mission und ökumenische Beziehungen.

Jerzy Samiec, leitender Bischof der evangelisch-augsburgischen Kirche in Polen, wurde am 31. August in Warschau einstimmig zum Nachfolger des orthodoxen Erzbischofs *Jeremiasz* (Anchimiuk) als Vorsitzender des Polnischen Ökumenischen Rates gewählt. Jeremiasz, Erzbischof von Breslau (Wroclaw) und Stettin (Szczecin) der Polnisch-Orthodoxen Kirche, stand seit 2001 für drei Amtszeiten an der Spitze des Rates. Zuvor gehörte er dem Zentralausschuss des Ökumenischen Rates der Kirchen (ÖRK) an und in den vergangenen Jahren der internationalen Kommission für den theologischen Dialog der orthodoxen und katholischen Kirche.

Annette Muhr-Nelson, evangelische Pfarrerin und Leiterin des Amtes für Mission, Ökumene und kirchliche Weltverantwortung der Evangelischen Kirche von Westfalen, wurde auf der Mitgliederversammlung der Arbeitsgemeinschaft Christlicher Kirchen in Nordrhein-Westfalen Anfang September einstimmig als Vorstandsvorsitzende gewählt. Sie übernimmt das Amt von *Burkhard Neumann,* Direktor des Johann-Adam-Möhler-Instituts für Ökumenik, der das Gremium in den vergangenen drei Jahren geleitet hat. Dem neugewählten Vorstand gehören als Vertreter der verschiedenen Konfessionsfamilien außerdem an: *Michael Kappes* (röm.-kath.; Bistum Münster), *Dagmar Kunellis* (Ev. Kirche im Rheinland; Essen), *Harald Pieneck* (Baptisten; Herford), *Thomas Schüppen* (Alt-Katholische Kirche; Bonn), *Marko Alferink* (Evangelisch-methodistische Kirche; Wuppertal) und *Peter Sonntag* (Orthodoxe Kirche; Düsseldorf).

Bartholomaios Samaras, bisher Archimandrit und Sekretär des Heiligen Synods des Ökumenischen Patriarchats von Konstantinopel, ist zum Metropoliten von Izmir im Westen der Türkei geweiht worden. Damit ist der seit dem Exodus der griechischen, armenischen und romanischen Bevölkerung aus der Hafenstadt im Jahr 1922 vakante Bischofsstuhl wieder besetzt.

Olivier Poquillon OP, französischer Dominikaner und Jurist, hat am 1. September sein neues Amt als Generalsekretär der EU-Bischofskommission COMECE in Brüssel angetreten.

Henricus P. Gunawan O. Carm, promovierter Bibelwissenschaftler, ist seit 1. September neuer Bischof von Malang in Indonesien. Er folgte dem Ende Juni emeritierten Bischof *Herman Joseph Sahadat Pandoyoputro O. Carm,* der die Ortskirche seit 1989 leitete.

Roland Rasser, Pfarrer und Religionslehrer, ist neuer Dompfarrer im Erzbistum Salzburg. Sein Vorgänger, Prälat *Balthasar Sieberer,* ist jetzt Rektor des Bildungszentrums Borromäum und koordiniert für zwei Jahre den diözesanen Zukunftsprozess.

Francois Michon, französischer Priester und Sozialwissenschaftler, ist neuer Leiter der katholischen geistlichen Gemeinschaft Chemin Neuf (Neuer Weg). Das Generalkapitel wählte ihn zum Nachfolger von *Laurent Fabre SJ,* der die von ihm gegründete Gemeinschaft 43 Jahre geleitet hatte. Chemin Neuf gehört zu den neuen geistlichen Gemeinschaften in der katholischen Kirche und entstand 1973 im französischen Lyon aus einem Gebetskreis. Der „katholischen Lebensgemeinschaft mit ökumenischer Berufung" gehören Christen verschiedener Konfessionen an; überwiegend sind es Katholiken. In seiner Spiritualität beruft sich Chemin Neuf auf den Jesuitengründer Ignatius von Loyola (1491–1556), die charismatische Erneuerungsbewegung und den ökumenischen Aufbruch nach dem Zweiten Vatikanischen Konzil.

Charlotte Knobloch, seit 1985 Präsidentin der Israelitischen Kultusgemeinde München und Oberbayern (IKG), ist in ihrem Amt bestätigt worden. Ihre Amtszeit und die des Gemeindevorstands betragen vier Jahre.

Andreas Nachama, Direktor der Stiftung Topographie des Terrors in Berlin, und *Dagmar Mensink,* katholische Theologie, leiten künftig den Gesprächskreis „Juden und Christen" beim Zentralkomitee der deutschen Katholiken (ZdK). Sie lösen *Hanspeter Heinz* ab, der das Gremium seit 1974 leitete.

Es vollendeten

das 70. Lebensjahr:

Dietmar Giebelmann, bisher Generalvikar des Bistums Mainz und seit dem Rücktritt von Karl Kardinal Lehmann im Mai Diözesanadministrator, am 17. September;

das 80. Lebensjahr:

Manfred Kock, Vorsitzender des Rates der Evangelischen Kirche in Deutschland (1997–2003) und ehemaliger Präses der rheinischen Kirche, am 14. September;

das 85. Lebensjahr:

Alfred Gläßer, Fundamentaltheologe an der Katholischen Universität Eichstätt-Ingolstadt, war vor allem ein Ökumene-Spezialist, der sich in bayerischen und deutschen Kommissionen für das Miteinander von Kirchen und kirchlichen Gemeinschaften einsetzte, am 23. Juli;

Hans Vorster, früherer evangelischer Referent in der Ökumenischen Centrale der Arbeitsgemeinschaft Christlicher Kirchen in Deutschland und Schriftleiter der Ökumenischen Rundschau, am 14. September.

Verstorben sind:

Siegfried Kasparick, von 2001 bis 2012 Propst des Kurkreises Wittenberg, Beauftragter der Landesbischöfin für Reformation und Ökumene der Evangelischen Kirche in Mitteldeutschland (EKM), Mitglied der Petersburger Gespräche der Evangelischen Kirche in Deutschland und der Russisch-Orthodoxen Kirche, im Alter von 61 Jahren, am 31. Mai;

Archimandrit Jeremija (Alijokhin), langjähriger Abt des russischen Hagios-Panteleimon-Klosters auf Athos, im Alter von 101 Jahren, am 4. August;

Gert Jeremias, emeritierter Professor für Neues Testament an der Evangelisch-Theologischen Fakultät der Universität Tübingen, galt als einer der besten Kenner des antiken Judentums, im Alter von 80 Jahren, am 12. August;

Theresia Hauser erhielt 1967 von der Freisinger Bischofskonferenz den Auftrag, landesweit für die Frauenseelsorge zu wirken, im Alter von 95 Jahren, am 30. August;

Rudolf Brauckmann, früherer Augsburger Domkapellmeister (1972–1995), die Wiedergründung der Augsburger Domsingknaben im Jahr 1976 fiel in seine Amtszeit, im Alter von 85 Jahren, am 5. September;

Shear Yashuv Cohen, seit 1975 aschkenasischer Großrabbiner von Haifa/Israel, war Ko-Vorsitzender der israelisch-vatikanischen Dialogkommission und auch im Dialog mit den Muslimen engagiert, im Alter von 89 Jahren, am 5. September;

Jörg Zink, evangelischer Theologe und Publizist, einer der bekanntesten Sprecher der Friedens- und Ökologiebewegung, Fernsehbeauftragter der Württembergischen Landeskirche und Sprecher des Wortes zum Sonntag in der ARD, im Alter von 93 Jahren, am 9. September.

Zeitschriften und Dokumentationen

I. Ökumenische Bewegung
André Birmelé, Das Jubiläumsjahr 2017 wird beträchtliche Fort-
schritte in den ökumenischen Beziehungen feiern, concilium 1/16,
373–378;
Karl Heinz Voigt, „Wir überfor-
dern uns nicht". Theologe Uwe
Swarat über die Arbeit des DÖSTA,
KNA-ÖKI 36/16, 5–6;
Dorothea Sattler, Ein Lobpreis
Gottes. Predigt zum Tag der Schöpfung am 2. September in Bingen,
ebd., Dokumentation I–III;
Werner Neuer, Keine Aussage
zur Ekklesiologie. Die ökumenische
Bedeutung der „Salzburger Erklärung", ebd. 34/16, 5–6;
Hansjürgen Knoche, Neutrali-
tät aufgegeben? Zur ökumenischen
Bedeutung der IKBG, ebd.
12–13/16, 17–20.

II. Mission
Johannes Reimer, Inklusive
Mission – Widerspruch oder Not-
wendigkeit, ThGespr 3/16, 111–
125;
Matthias Ehmann, Von der
„Reverse Mission" zur „Globalen
Mission". Das Christentum des 21.
Jahrhunderts im Angesicht von Mis-
sion, Migration und Globalisierung,
ebd., 126–139;
Christine Lienemann, Europäi-
sches Christentum auf dem Prüf-
stand. Was folgt daraus für die Missi-

onswissenschaft?, ZMiss 2–3/16,
252–270;
Verena Grüter, Biblische Per-
spektiven: Zur Freiheit hat uns
Christus befreit. Bleibt daher fest
und lasst euch nicht von Neuem das
Joch der Knechtschaft auflegen!
(Gal 5,1), ebd., 162–167.

III. Orthodoxie
Viorel Coman, Le Saint-Esprit
comme liaison de l'amour éternel
entre le Père et le Fils: un cas de
«sobornicité ouverte» dans la théo-
logie orthodoxe moderne, Irénikon
1/15, 25–51;
Constantin Oancea, Einige Be-
merkungen zur Struktur, Thematik
und patristischen Rezeption der To-
tenerweckungen Elias und Elischas,
OrthForum 1/16, 5–17;
Konstantin Nikolakopoulos,
Kurze Skizze der Orthodoxie im By-
zantinischen Reich vor und nach
der Eroberung, ebd., 19–27;
David-John Williams, Did By-
zantium Practice Holy War?, ebd.,
29–36;
Anargyros Anapliotis, Grundzüge der Zentral- und Diözesanorga-
nisation der Orthodoxen Kirche in
Griechenland, ebd., 37–48;
Heinz Gstrein, „Konzil nicht
herabwürdigen". Orthodoxe Debatte über Ökumenismus geht weiter, KNA-ÖKI 38/16, 7–8.

IV. Reformationsjubiläum

Norbert Zonker, Versöhnung durch Erinnerung Katholiken und Protestanten legen gemeinsames Wort zu 2017 vor, KNA-ÖKI 38/16, 3–5;

Karl Heinz Voigt, Reformatio oder Restitutio? Freikirchenforscher diskutieren über Formen der Kirchenerneuerung, ebd., 9–10;

Mit den Augen des anderen sehen. Aus dem „gemeinsamen Wort zum Jahr 2017", ebd., Dokumentation I–VII;

Martin Karrer, Die Revision der Lutherübersetzung zum Reformationsjubiläum und der biblische Kanon, Kerygma und Dogma 3/16, 212–235.

V. Glaubenspraktiken im Alltag

Jan Loffeld, Nightfever – Pastoraltheologische Vermessungen einer nicht ganz alltäglichen Glaubenspraxis, US 3/16, 227–237;

Michael Schindler, Auf der Straße nach Gott suchen – Entdeckungen bei den „Straßenexerzitien", ebd., 211–219;

Peter Zimmerling, Die Herrnhuter Losungen: Biblischer Begleiter im Alltag, ebd., 170–180;

Sabine Schnurr, „Sei mein Gott im Alltagstrott!" – Exerzitien im Alltag, ebd., 202–210.

VI. Weitere interessante Beiträge

Camille Focant, Paul face à un dilemme éthique complexe. Le cas

d´Onésime et Phlémon, Revue théologique de Louvain 2/16, 161–177;

Françoise Vinel, „Inspiration et vérité de l'Écriture sainte." Un document de la Commission biblique pontificale (2014), ebd., 199–217;

Antoine Courban, Chrétientés au milieu du monde musulman. Le cas des pays du Levant Arabe, Irénikon 1/16, 5–24;

Christophe D'Aloisio, Eucharistie et espérance, ebd., 52–63;

René Dausner, Asylstädte. Flucht und Migration als theologische Herausforderung, StimdZ 9/16, 579–588;

Ulrike Guérot, „Europa, was ist mit dir los?" Was die EU von Papst Franziskus lernen kann, ebd., 589–599;

Regina Ammicht Quinn, Gender. Unnötige Aufregung um eine nötige Analysekategorie, ebd., 600–610;

Victor S. Nicdao, Leiden und das Empowerment der Gnade Gottes, concilium 1/16, 325–332;

Maria Clara Bingemer, Das Leiden Gottes in einigen zeitgenössischen Theologien, ebd., 333–341;

André Torres Queiruga, Die Theodizee neu denken. Das Dilemma Epikurs und der Mythos einer Welt ohne Übel, ebd., 342–353.

Marcos Arruda, Politische Herausforderungen des Klimaabkommens von Paris, ebd., 386–391.

VII. Dokumentationen

Themenheft: Die Revision der Lutherbibel für das Jahr 2017, EvTheol 4/16. *Christoph Kähler,* Erhalten, Erneuern und Ersetzen. Die Revision der Lutherbibel 2017 (239–245); *Stefan Michel,* Kirchenhistorische Hintergründe zur Entstehung und Normierung der Ausgabe der Lutherbibel von 1545 (246–256); *Ursula Kocher,* Lieber, wie redet der Deudsche man jnn solchem fall" Die Revision der Lutherbibel aus germanistischer Sicht (257–267); *Helmut Utzschneider,* Nach der Revision ist vor der Revision. Ein Werkstattbericht zur Durchsicht der Lutherbibel (Altes Testament) am Beispiel des Buches Exodus (268–280); *Martina Böhm,* Warum sich Josef nun (besser) in das judäische Land aufmacht und die Prophetin Hanna (leider) um 21 Jahre jünger geworden ist. Chancen und Probleme der Revision der Lutherbibel, an Beispielen aus dem Lukasevangelium gezeigt (281–293); *Jörg Lauster,* Loyalität und Freiheit. Systematisch-theologische Erwägungen zum Thema der Bibelübersetzung aus Anlass der Lutherbibel 2017 (294–305); *Jochen Arnold,* Die Luther-Bibel im Gottesdienst. Überlegungen zur Prägekraft des evangelischen Gottesdienstes für Glaube und Leben (306–319).

Die Liturgische Konferenz hat den neuen *Sonn- und Feiertagskalender 2016/17* herausgegeben. Er informiert über die gottesdienstlichen Lesungen und Predigttexte für das Kirchenjahr, über Wochensprüche und -lieder, liturgische Farben und Gedenktage. Zu bestellen per E-Mail: liturgischer-kalender@ekd.de.

Eine Arbeitsgruppe hat umfangreiche Materialien zum Thema *„Gottesdienst & Migration"* zusammen-gestellt. Dazu gehören Andachtsentwürfe, Fotos und viele weiterführende Informationen. Das Material steht kostenfrei zur Verfügung: www.ekd.de/gottesdienst-und-migration

Volker Weymann „Toleranz – kontrovers", „Texte aus der VELKD" Nr. 175 (7. Juli 2016) zur Geschichte und aktuellen Bedeutung von Toleranz. Sind Religionen eher Barrieren oder Quellen für Toleranz? Angesichts der anhaltenden Migrations- und Fluchtbewegungen und der damit verbundenen kulturellen und sozialen Herausforderungen für Politik und Gesellschaft gewinnt diese Frage neue Aktualität. Download unter www.velkd.de oder zu bestellen über texte-vi@velkd.de.

Keine Gewalt im Namen Gottes. Christen und Muslime als Anwälte für den Frieden. Erklärung des Gesprächskreises „Christen und Muslime" beim ZdK vom 24. Mai 2016, KNA-ÖKI 33/16, Dokumentation I–X.

Neue Bücher

GLAUBEN IN SCHWIERIGEN
ZEITEN

Thomas Bremer/Burkhard Haneke (Hg.), Zeugen für Gott. Glauben in kommunistischer Zeit. Band 1, Aschendorff Verlag, Münster 2014. 276 Seiten. Gb. EUR 19,95; Band 2, Aschendorff Verlag, Münster 2015. 286 Seiten. Gb. EUR 19,95.

Vertreter des christlich-marxistischen Dialogs haben seit Ende der 1960er Jahre immer wieder betont, Sozialismus und Christentum seien nicht als Gegensätze aufzufassen. Unbestritten ist jedoch, dass die Machthaber in den sozialistisch dominierten Ländern Mittel- und Osteuropas während des 20. Jahrhunderts fast ausnahmslos anders dachten. Die Verfolgung einzelner Gläubiger sowie der Versuch, die christlichen Kirchen an den Rand der Gesellschaft zu drängen bzw. sie ganz zu eliminieren, erfolgten regional und zeitversetzt in unterschiedlicher Intensität.

Zweieinhalb Jahrzehnte nach der Wende drohen die Erinnerungen daran zu verblassen, welchen Preis viele Gläubige für ihr Festhalten am christlichen Bekenntnis zahlen mussten: Die Repressionsmaßnahmen reichten von Einschränkungen in der Berufswahl bis hin zu Verhaftung, Folter und Tod. Mit dem zu besprechenden Band verfolgen die Herausgeber Thomas Bremer (Professor für Ökumene, Ostkirchenkunde und Friedensforschung an der Universität Münster) und Burkhard Haneke (Geschäftsführer von Renovabis, Solidaritätsverein der deutschen Katholiken mit den Menschen in Mittel- und Osteuropa) das Ziel, ein bedeutsames Kapitel der (ost-)europäischen Christentumsgeschichte lebendig zu halten. Entstanden sind zwei Bücher mit mehr als dreißig Lebenszeugnissen ganz verschiedener Personen. „Die Auswahl sollte zeigen, dass Angehörige aller Kirchen und Religionsgemeinschaften Nachteile in Kauf nehmen mussten. Männer waren von den Verfolgungsmaßnahmen ebenso betroffen wie Frauen, Laien ebenso wie Priester, Bischöfe und Ordensleute" (I,9).

Der Versuch, eine möglichst große Bandbreite von Zeugnissen zusammenzustellen, hatte zur Folge, dass bei der Auswahl auf eine weitergehende Systematik verzichtet wurde. Im Mittelpunkt des Interesses steht nicht eine solide wissenschaftliche Aufarbeitung der Verfolgungssituation in Mittel- und Osteuropa während des 20. Jahrhunderts, sondern die Betroffenheit über das Leiden einzelner Menschen. Folgerichtig kommen in den Lebensbildern Personen zu Wort, die möglichst eng mit den Opfern der Verfolgung verbunden sind: Lidia Stăniloae beispielsweise schreibt über das Schicksal ihres Vaters Dumitru Stăniloae, eines rumänischen orthodoxen Theologen. Im Fall des katholischen Priesters Daniel Zele besteht das Lebensbild gar aus autobiographischen Skizzen.

Damit die verschiedenen Biographien nicht unverbunden nebeneinander stehen bleiben, differenziert Thomas Bremer zu Beginn des ersten Bandes die zum Teil sehr verschiedene Situation gläubiger Menschen in den Ländern Mittel- und Osteuropas (I, 13–27). Das Kapitel ist sehr hilfreich, um zu verstehen, dass es keine einheitliche Sicht auf die Religionspolitik sozialistisch geprägter Länder geben kann.

Den Herausgebern ist bewusst, dass die beiden Bände keinen repräsentativen Querschnitt bieten, „wenn man eine historisch genaue Relation zwischen den Verfolgungsmaßnahmen in den einzelnen Staaten und gegenüber den einzelnen Kirchen einerseits und den hier dokumentierten Beispielen andererseits ziehen will" (I, 10). Im zweiten Band sind die Herausgeber dennoch darum bemüht, Einseitigkeiten des ersten Bandes insofern zu korrigieren, als zum einen Lücken in der Berücksichtigung einzelner Länder geschlossen werden und zum anderen neben Christen (Katholiken, Orthodoxen und Protestanten) auch jeweils ein Jude und ein Muslim porträtiert werden.

Wer tiefer in die Materie eindringen will, wird dankbar die Literaturhinweise am Ende der meisten (nicht aller!) Kapitel zur Kenntnis nehmen. Die Herausgeber haben die Autoren bzw. Redakteure der jeweiligen Kapitel beauftragt, die teilweise sehr emotional geschriebenen (auto-)biographischen Skizzen – wenn möglich – durch Hinzunahme wissenschaftlicher Literatur und anderer Quellenzeugnisse auf ein solides Fundament zu stellen. Das ist zum Teil gut gelungen.

Da eine Einzelbiographie historische Gegebenheiten in einem bestimmten regionalen Umfeld nicht immer angemessen widerspiegelt, erlaubten die Herausgeber vier der zwanzig Autoren des zweiten Bandes, ihr Thema weiter zu fassen. So berichtet Irinei Tafunja von „Klosterschließungen in Moldova", Iryna Kolomyyets gibt einen Überblick über „die griechisch-katholische Kirche in der Ukraine", Ludmila Burgart lässt Frauen zu Wort kommen, die aufgrund der Abwesenheit geweihter Priester deren Dienste übernahmen und Emöke Hortoványi sowie András Máté-Tóth fassen in ihrem Kapitel Erinnerungen von Katholiken in Ungarn zusammen. Herzstück der beiden Bände bleiben aber die 33 Lebensskizzen, die den Leser/die Leserin mit hineinnehmen in eine Welt, in der Religions- und Meinungsfreiheit ein unerreichbares Gut zu sein schienen.

Tobias Sarx

Katharina von Kellenbach, The Mark of Cain: Guilt and Denial in the Post-War Lives of Nazi Perpetrators. Oxford University Press, Oxford/New York 2013. 287 Seiten. Gb. USD 34,65.

Wer dieses Buch liest, muss sich auf erschütternde Einsichten gefasst machen. Auch diejenigen, die schon mit vielen Aspekten des NS-Terrorregimes vertraut sind, werden darin Neues erfahren – Neues und Verstörendes. Katharina von Kellenbach, Professorin für *Religious Studies* am *St. Mary's College* in Maryland/USA, legt mit dieser Untersuchung Ergebnisse mehrerer Forschungsaufenthalte in verschiedenen Ländern vor. Da sie selbst aus Deutschland stammt, konnte sie das Archivmaterial in der Originalsprache auswerten. In ihrem Vorwort legt sie offen, dass ihr Forschungsinteresse auch aus persönlicher Betroffenheit resultiert: Ihr Onkel Alfred Ebner war als stellvertretender Gebietskommissar der SS verantwortlich für das Massaker an den Juden in der ukrainischen Distrikthauptstadt Pinsk, das zwischen dem 29. Oktober und dem 1. November 1942 stattfand. Innerhalb von drei Tagen wurden durch Erschießungen etwa 30.000 Menschen ermordet – hauptsächlich Frauen und Kinder. Eindrücklich schildert von Kellenbach, wie sie zu Beginn der 1970er Jahre im Alter von etwa zwölf Jahren durch Gespräche am Familientisch andeu-

tungsweise von diesem schrecklichen Geheimnis erfuhr. 1962 wurde ihr Onkel verhaftet; es folgten mehrere Prozesse und Freilassungen auf Kaution, bevor die Strafverfolgung schließlich 1971 wegen angeblicher medizinischer Bedenken eingestellt wurde. Das junge Mädchen konnte sich nicht vorstellen, wie ein einziger Mensch dazu im Stande sein sollte, ein so ungeheuerliches Verbrechen zu begehen, und sie begriff nicht, wieso der Täter unbehelligt blieb, obwohl er sich im Kreis der Familie offensichtlicher Gesundheit erfreute. Ihre Fragen blieben unbeantwortet – bis sie sich als erwachsene Frau bewusst ihrem Familienerbe stellte.

Wenn jemand mit der Schandtat eines Angehörigen (Hier und im Folgenden wird bewusst auf inklusive Sprache verzichtet und die maskuline Form verwendet, weil die Täter, um die es bei diesen Verbrechen geht, ganz überwiegend männlich waren.) konfrontiert wird, die jedes normale Maß übersteigt, dann gerät er oder sie in ein Dilemma: Die grundlegende Solidarität mit den eigenen Vorfahren steht im Konflikt mit der noch grundlegenderen Stimme des Gewissens. In dieser Situation sind drei unterschiedliche Reaktionen möglich: *entweder* Loyalität mit den Angehörigen – um den Preis der Verdrängung von Schuld; *oder* Dissoziierung von der eigenen Familie – um den Preis der Verleugnung der Identität. Die *dritte Mög-*

lichkeit besteht in dem mühevollen Versuch, sich der familiären Vergangenheit zu stellen und diese Last in Würde zu tragen. Dieser Weg wird von den wenigsten der Betroffenen beschritten. Katharina von Kellenbach hat ihn gewählt. Ihr Buch legt eindrucksvoll davon Zeugnis ab, wie weit er führen kann. Die Veröffentlichung ist inspiriert von einer Reise, welche die Verfasserin im Jahr 2002 an den Ort des Schreckens in Weißrussland unternommen hat – gemeinsam mit einer jüdischen Familie, die dort auf den Spuren ihrer Vorfahren unterwegs war. Wenn sich Nachkommen von Opfern und von Tätern gemeinsam an die Geschichte erinnern, dann kann die Zukunft verantwortlich gestaltet werden. Katharina von Kellenbach widmet ihr Buch „dem Angedenken an die Juden von Pinsk" (Übersetzung aus dem Amerikanischen hier und im Folgenden J.K.).

In acht Kapiteln setzt sie sich mit den unterschiedlichen Facetten ihres Themas auseinander: Im einleitenden Kapitel „Das Zeichen des Kain" entfaltet sie ihre These, dass das Kainsmal (vgl. Gen 4,15) als Symbol für einen glaubwürdigen Umgang mit Schuld dienen kann: Es reicht nicht aus, Schuld „bedingungslos" zu vergeben (so wie es in der christlichen Theologie jahrhundertelang verkündet worden ist), sondern Vergebung hat die *Reue* der Täter zur Voraussetzung. Wenn Schuld an Menschen begangen wurde, dann kann Gott nicht einfach an ihrer Stelle vergeben, sondern die Versöhnung muss die *Opfer* mit einbeziehen. Eine Wahrnehmung für die Perspektive der Opfer und echte Betroffenheit über das ihnen zugefügte *Leid* ist auf Seiten der Täter notwendig, damit Schuld aufgearbeitet werden kann. Das Kainsmal steht für einen *offenen Umgang* mit der begangenen Schuld: der Täter muss dauerhaft mit ihr leben – und bekommt dennoch die Chance auf einen Neuanfang zugesichert.

Dass genau dies bei den Nazi-Verbrechen nicht geschehen ist, belegt von Kellenbachs Buch auf bestürzende Weise. Im zweiten Kapitel unter der Überschrift „Schuldbekenntnisse und Amnestieforderungen" setzt sich von Kellenbach mit der Rolle der Kirchen unmittelbar nach Kriegsende kritisch auseinander: „Predigten und Gesprächskreise in Internierungslagern bedienten ebenso wie offizielle kirchliche Verlautbarungen die gefährliche Vorstellung von ‚Kollektivschuld', indem sie die allgemeine Sündhaftigkeit des Menschen betonten und ein diffuses Gefühl von gemeinsamer Schuld vermittelten, welches den einzelnen Tätern ermöglichte, ihre persönliche Verantwortung zu verleugnen. Diesen frühen Debatten über die Schuldfrage lag die unausgesprochene Erwartung zugrunde, dass aus jedem Schuldbekenntnis der Anspruch auf Vergebung und auf Befreiung von der Last der Vergangenheit resultiert. Auf das berühmte ‚Stuttgarter Schuldbekenntnis' folgte das weit weniger bekannte (tatsächlich geheime) ‚Memorandum der Evangelischen Kirche in Deutschland über die Frage der Kriegsverbrechertribunale vor amerikanischen Militärgerichten', worin das Internationale Militärgericht in Nürnberg als ‚Siegerjustiz' verunglimpft und die sofortige Freilassung aller Gefangenen im alliierten Militärgefängnis in Landsberg am Lech gefordert wird" (28).

Im dritten Kapitel „Glauben unter dem Galgen" werden die letzten Worte analysiert, die verurteilte Kriegsverbrecher sprachen, unmittelbar bevor die Todesstrafe an ihnen vollstreckt wurde. Diese Exekutionen wurden unter amerikanischer Militärregierung in Landsberg in den Jahren zwischen 1945 und 1951 durchgeführt und betrafen insgesamt 285 Personen. Unter den dokumentierten letzten Worten finden sich nur drei Beispiele, in denen Bedauern über die begangenen Taten zum Ausdruck gebracht wird – alle drei stammen nicht von NS-Verbrechern, sondern von gewöhnlichen Kriminellen. Die Nazi-Täter starben im ungebrochenen Glauben an ihre eigene Unschuld mit dem militaristischen Gestus des Heroismus. Unterstützt wurden sie dabei durch Gefängnispfarrer, die ihnen bis zuletzt beistanden und um den „Frieden ihrer Seele" bemüht waren. So erklärte etwa Hans Hermann Schmidt, stellvertretender Kommandeur im Konzentrationsla-

ger Buchenwald, vor seiner Hinrichtung: „*Colonel*, ich nutze diesen Moment, um mit allem Nachdruck gegen den Schuldspruch zu protestieren, der dieser Todesstrafe vorausgeht. Vor dem Angesicht Gottes, in dessen Gegenwart ich im nächsten Augenblick stehen werde, bekenne ich, dass ich unschuldig bin an den Verbrechen, für die ich verurteilt werde. Ich erkläre, dass ich nichts anderes getan habe, als was Sie, *Sir*, eben jetzt tun: Ich habe Befehle ausgeführt, die mir rechtmäßig zuteil geworden sind. Ich sterbe als einer der letzten Todeskandidaten in Landsberg. Ich sterbe unschuldig" (71).

Das vierte Kapitel vergleicht unter der Überschrift „Gereinigt durch Schuld?" den Lebensweg von Oswald Pohl, einem hochrangigen General der Waffen-SS, der für die wirtschaftliche Organisation sämtlicher NS-Lager verantwortlich war, mit dem Schicksal von Klara Pförtsch: Sie ist die einzige Person in der Untersuchung von Kellenbachs, bei der die Unterstützung eines Gnadengesuchs durch den Gefängnispfarrer abgelehnt wurde, da sie als „wahre menschliche Bestie" galt (97). Es ist wohl kein Zufall, dass es sich hier um eine Frau handelt, denn weibliche Gewalttätigkeit war eine Ausnahme und erregte besonderen Anstoß. Pförtsch wurde 1936 als Mitglied einer kommunistischen Widerstandsgruppe mehrmals verhaftet und blieb bis zum Kriegsende in den Konzentrati-

596

onslagern Ravensbrück, Auschwitz und Dachau interniert, wo sie jeweils als Lagerälteste fungierte und dabei auch gegen Mithäftlinge brutal vorging. 1945 zunächst befreit, wurde sie noch im gleichen Jahr durch ein amerikanisches Militärgericht zu einer dreijährigen Haftstrafe verurteilt. Nachdem sie diese verbüßt hatte, verbrachte sie wenige Monate in Freiheit, bevor sie 1949 durch ein französisches Militärgericht erneut angeklagt und wegen Kriegsverbrechen und extremer Grausamkeit zum Tod verurteilt wurde. 1953 wurde die Todesstrafe in eine zwanzigjährige Haftstrafe umgewandelt, bevor Pförtsch 1957 entlassen wurde. Mehr als zwanzig Jahre ihres Lebens hatte sie in den unterschiedlichsten Gefängnissen verbracht. Ihre Persönlichkeit war gebrochen durch die Schuld, die sie erlebt und begangen hatte. Im Kontrast dazu steht Oswald Pohl, der seinen Lebensweg unter Mithilfe seines Gefängnispfarrers Morgenschweis in der Autobiografie „Credo: Mein Weg zu Gott" aufgezeichnet hat. Darin beschreibt er den „Moment seiner Bekehrung" und den „klaren Bruch mit meinem früheren Leben", den er vollzogen habe (92). Er behauptet, dass die Schuld eine „Läuterung" für ihn gewesen sei (94) – und spricht dennoch von „Schuld" stets nur in Anführungszeichen und in Form von rhetorischen Fragen. Es ist schwer erträglich zu lesen, wie ihn sein Seelsorger, ebenso wie die nachkriegsdeutsche Öffentlichkeit, dabei unterstützte, sein Lügengebäude aufrecht zu erhalten – bis hin zu Konrad Adenauer, der beim Papst intervenierte, um die Todesstrafe von ihm abzuwenden.

Kapitel fünf beschäftigt sich unter der Überschrift „Von ehrenwerten Opfern und einsamen Sündenböcken" damit, wie sich die Selbstwahrnehmung von NS-Verbrechern in den 1960er Jahren veränderte: Noch immer blieben sie von ihrer Unschuld überzeugt, konnten dabei aber immer weniger auf gesellschaftliche Akzeptanz zählen. Im sechsten Kapitel („Schuld erben") wird ein 77-seitiger Brief analysiert, den Artur Wilke im Jahr 1966 seinem Sohn anlässlich von dessen 17. Geburtstag schrieb. Wilke war beteiligt an Massenerschießungen von Juden in Minsk (Weißrussland). Der Vater möchte seine Glaubwürdigkeit gegenüber seinem Sohn durch vermeintliche Offenheit erhalten; in der Tat ist in dem langen Text vielfach von „Fehlern" (und seltener auch von „Sünde") die Rede. Und doch ist auch dieses Selbstzeugnis sehr unbefriedigend, denn die Auseinandersetzung mit Schuld bleibt gewunden, allgemein und abstrakt – ohne das Leid der Opfer in den Blick zu bekommen.

Das siebte Kapitel behandelt unter dem Titel „Natürlich werde ich an der Seite meines Mannes stehen" die Rolle der Ehefrauen von angeklagten und verurteilten Nazi-

Verbrechern. Viele von ihnen waren schon vor ihrer Heirat einer minutiösen ideologischen Überprüfung unterzogen worden, und tatsächlich blieben sie auch nach 1945 an der Seite ihrer Männer, ohne ihre Vergehen in Frage zu stellen oder Betroffenheit darüber zu äußern. Auch hierbei spielte die seelsorgerliche Begleitung durch Gefängnispfarrer eine verhängnisvolle Rolle, denn unter Verweis auf die Unauflöslichkeit der christlichen Ehe ermahnten diese die Frauen, ihrem Mann unter allen Umständen die „Treue" zu halten.

Im letzten Kapitel „Erinnerung als Last und als Gnade" wird schließlich der Lebensweg von zwei NS-Tätern nachgezeichnet, die nach dem Krieg beide eine kirchliche Laufbahn einschlugen: Matthias Defregger war Weihbischof der Erzdiözese München und Freising, als 1969 durch eine Reportage des Magazins „Der Spiegel" öffentlich gemacht wurde, dass er 1944 in dem italienischen Dorf Filetto di Camarda die Erschießung von 17 Gefangenen angeordnet hatte. Auch hier ist es schockierend, wie die kirchliche Obrigkeit (in diesem Fall Kardinal Döpfner) ihn deckte. Defregger leugnete seine Tat nicht, berief sich aber darauf, dass er sie im Sakrament der Beichte bekannt habe und ihm hierfür die Absolution erteilt worden sei. Einen Versuch der Versöhnung mit den Bewohner*innen des Dorfes und den Angehörigen der Opfer hielt er

nicht für erforderlich – so lange, bis er auf Druck der empörten Öffentlichkeit auf einen anderen Posten in seiner Diözese versetzt wurde. Einen anderen Umgang mit der schuldhaften Vergangenheit hat Otto Zakis gewählt, der bereits im Alter von 16 Jahren zur SS gekommen war und in den Konzentrationslagern Buchenwald und Majdanek eingesetzt wurde. Schon während seiner Zeit dort erlebte er Momente des Entsetzens über die verübten Verbrechen und bemühte sich – vergeblich – um seine Versetzung. Nach dem Krieg arbeitete er zwei Jahre lang in einem belgischen Kohlebergwerk und verstand diese Zeit als selbstauferlegte Buße. Anschließend wurde er evangelischer Pfarrer in Frankreich. 1972 musste er in Düsseldorf im Prozess über die Verbrechen in Majdanek aussagen und beeindruckte dabei durch seine (in solchen Verfahren so selten zu beobachtende) Offenheit und Bereitschaft zur Selbstkritik. Auf die Unterstützung seines ihm gesetzlich zustehenden Verteidigers verzichtete er. Leser*innen, die sich den Zumutungen in von Kellenbachs Buch bis hierhin ausgesetzt haben, möchten hoffen, dass am Ende doch noch ein positives Beispiel zu finden ist. Doch scheint für Zakis sein Schuldbekenntnis vor dem Gericht nicht der Anfang, sondern das Ende einer ehrlichen Auseinandersetzung mit der eigenen Vergangenheit gewesen zu sein. Denn anschließend konstatiert er:

„Bis 1972 beschäftigte mich meine Vergangenheit mächtig. Aber dann wurde ich diese Dinge los, besonders diejenigen, die mich persönlich betroffen hatten, und ich habe mich auch innerlich von diesen Sachen abgewandt und mich auf meinen Beruf konzentriert. [...] Ich bezweifle immer mehr [...], ob wir Menschen verantwortlich sein können für Sachen, die weit in der Vergangenheit liegen – ob sie wirklich – ob diese Dinge bedeutsam bleiben – für mich kam diese Angelegenheit 1972 zu Ende. Ich habe einen Beruf und Familie" (202). Noch im Jahr 2008, als von Kellenbach für ihre Recherchen ein längeres Telefonat mit Zakis führen konnte, beendete er dieses mit den Worten, er fühle sich nicht schuldig, denn „ich habe niemanden erschossen. Heute sehe ich mich selbst im Zusammenhang mit den Ereignissen von 1941 bis 1945 als Opfer und nicht als Täter" (204).

Katharina von Kellenbach legt mit diesem mutigen und wichtigen Buch einen Beitrag zur Aufarbeitung der NS-Vergangenheit vor – und darüber hinaus zur theologischen Reflexion der für den christlichen Glauben so grundsätzlichen Frage von Schuld und Vergebung. Eindrücklich macht sie deutlich, dass Vergebung nicht ohne Reue möglich ist. Eine baldige Übersetzung ins Deutsche – die Sprache im „Land der Täter" – ist diesem Buch zu wünschen!

Jutta Koslowski

ÖKUMENISCHE EKKLESIOLOGIE

Sven Grosse, Ich glaube an die Eine Kirche. Eine ökumenische Ekklesiologie. Verlag Ferdinand Schöningh, Paderborn 2015. 284 Seiten. Pb. EUR 34,90.

Wer zu einem Buch mit dem (Unter)Titel „Eine ökumenische Ekklesiologie" greift, ist gespannt: Gibt es so etwas? Der Vf. stellt bereits im Vorwort klar, worum es ihm geht: nicht um eine Ekklesiologie, die von einem Ort jenseits der bestehenden Konfessionen her entwickelt ist, sondern um eine Ekklesiologie aus evangelisch-lutherischer Perspektive in – wie ich es ausdrücken möchte – ökumenischer Absicht. Als Gesprächspartner in diesem Unterfangen sind vornehmlich die römisch-katholische Kirche und – in deutlich geringerem Maße – die Freikirchen im Blick, während mit der reformierten Tradition ein gemeinsamer evangelischer Standort gesucht wird und die orthodoxen Kirchen unberücksichtigt bleiben.

Der Band gliedert sich in drei Hauptteile. Teil I fragt nach dem, was eine Gemeinschaft zur Kirche Jesu Christi macht. Dazu wird zunächst die Ekklesiologie im Ganzen der Dogmatik verortet, bevor die vier traditionellen Prädikate der Kirche eine eingehende Behandlung erfahren. Was den Ursprung der Kirche angeht, wird anerkannt, dass das Pfingstereignis belege, wie grundlegend die Kirche auf den Heiligen Geist angewiesen sei, die Kirche selbst sei jedoch von Anbeginn der Welt an gewesen und umfasse damit die gesamte Heilsgeschichte. Die Aufnahme der Vorstellung von der „ecclesia ab Abel" hat weitreichende israeltheologische Implikationen, die an gleich zwei Stellen im Buch (29 ff; 239 f) auch ausgeführt werden. Ohne auf die Terminologie in neueren ökumenischen oder missionstheologischen Entwürfen zurückzugreifen, wird das Verhältnis von Israel und Kirche „dialektisch" bestimmt: Einerseits sei die Kirche Fortsetzung des Volkes Israel, zugleich aber sei Israel Teil der Kirche, weil beider Glieder – in je spezifischer Weise – „Erben der Verheißung" sind (239) und das Heil erlangen werden.

In der Besprechung der „Eigenschaften" der Kirche werden einerseits Katholizität und Einheit sowie andererseits Heiligkeit und Apostolizität in einen engeren Zusammenhang gestellt. Der trinitätstheologisch begründete Kongregationalismus von M. Volf wird als einseitig auf den Aspekt der Vielheit fixiert zurückgewiesen zugunsten einer Sicht, die Einheit und Vielheit in Spannung hält, was hinsichtlich der Struktur der Kirche erlaubt, sowohl die Universalkirche als auch die Ortsgemeinden in ihrem ekklesialen Charakter anzuerkennen, wobei die Ebene der „Bischofskirche" als Zwischenebene beschrieben wird. Hier wie durchgängig im Buch kon-

zentriert sich der Vf. auf die Auswertung reformatorischer sowie römisch-katholischer Grundtexte, wogegen die Ergebnisse der bilateralen Konsensökumene kaum rezipiert werden.

In seiner Entfaltung der Heiligkeit als Prädikat der Kirche zeigt sich exemplarisch die ökumenische Absicht des Vf., die keine Leerformel ist. So sieht er – gut reformatorisch – die Heiligkeit der Kirche in Gottes rechtfertigendem Handeln an ihren Gliedern gegründet, anerkennt aber zugleich, dass der unterschiedliche Fortschritt der Glaubenden in der Heiligung es erlaube, in einem sekundären Sinn von einzelnen Christen als „heilig" im Sinne ihres Vorbildcharakters für andere zu sprechen. Die Anrufung Verstorbener im römisch-katholischen Vollsinn (der auch das Verdienstmoment einschließt) wird abgelehnt, nicht jedoch die „Bitte um [ihre] Fürbitte" (70), die aufgrund der Bande möglich sei, die die *ecclesia militans* mit der *ecclesia triumphans* vereinten. Hervorgehoben wird hier wie auch später erneut der Dienst von Gemeinschaften innerhalb der Kirche (*ecclesiolae in ecclesia*) zugunsten der ganzen Kirche: Ihre Angehörigen befänden sich zwar nicht per se in einem höheren Stand der Heiligkeit als andere Christen, dennoch sei ihre Lebensform von zeichenhafter Bedeutung für die gesamte Kirche. Im lutherischen Kontext bemerkenswert ist die ausdrückliche Würdigung einer Lebensform, die dem „Geist der Friedfertigkeit" – eine Pflicht jedes Christenlebens – im Gewaltverzicht einen für die ganze Kirche bedeutsamen Zeichencharakter gibt.

Unter den Aufgaben und Tätigkeiten der Kirche nennt der Vf. an erster Stelle das missionarische Wirken der Kirche. Der Band macht insgesamt deutlich, dass die Einladung zu einem verbindlich gelebten Glauben an Jesus Christus nicht den Freikirchen überlassen bleiben darf, sondern als Wesensäußerung der Volkskirche verstanden werden soll. Diese Sicht ist der Zielvorstellung einer „christlichen Gesellschaft" zugeordnet, in der eine signifikante Zahl von Menschen Grundwerte des Christentums teilen, auch wenn sie sich persönlich nicht als Christen verstehen. Meines Erachtens hätten diese Ausführungen noch stärker unter Bezugnahme auf die real bestehende (und kaum im Abnehmen begriffene) weltanschaulich-religiöse Pluralisierung unseres Landes diskutiert werden müssen. Die mit seinem Ansatz verbundenen Gefahren werden vom Vf. zwar durchaus benannt, aus zumindest freikirchlicher Sicht aber nicht genügend gewichtet (vgl. auch den geschichtlichen Rückblick auf 213 f). Allerdings schließt das Kapitel mit einem Bedenken der „Kirche als Minderheit" (123 f).

Teil II ist dem Amtsverständnis gewidmet. Ausgegangen wird hier von „zwei Strömen kirchlichen Wir-

kens", womit zum einen der allen Christen mit der Taufe verliehene Dienstauftrag, und zum anderen die besondere Beauftragung des apostolischen Amtes gemeint ist, denen das Lehramt, die Einsetzung von Amtsträgern und die Rechtsprechung in der Kirche anvertraut sei. Im Sinne reformatorischer Theologie sei Kirche zwar bereits da, wo das Evangelium zu Gehör kommt und geglaubt wird (CA VII), doch könne eine Kirche ohne Amt immer nur ein Notstand sein, der auf seine Überwindung hindränge. Der Vf. stellt sich in eingehender Diskussion der Frage, ob das Amt (gemeint ist: von Bischof und Pfarrer) eher vom Wortgeschehen oder eher von der Eucharistie her zu verstehen sei. Er arbeitet – im Anschluss an Luther – heraus, dass der Amtsträger recht verstanden sowohl das prophetische Amt der Verkündigung des Wortes Gottes innehabe, wobei ihm das Wort aufgetragen, er also nicht mit ihm identisch ist, als auch einen priesterlichen Dienst, in dem es darauf ankomme Christus, dem Hohepriester, ähnlicher zu werden. Allerdings sei die Wortverkündigung der Grund, von dem her die Eucharistie ihren Ort erhalte, nicht umgekehrt. Die Differenzen im Amtsverständnis dürften jedoch ungeachtet dieser Zuordnung im Kern nicht ausgeräumt sein.

Es folgt die Behandlung zahlreicher, sowohl ökumenisch als auch innerhalb der Kirchen zum Teil kontrovers verhandelter Themen wie die Frauenordination (die abgelehnt wird) sowie das monarchische Leitungsamt des Papstes, das in seiner biblischen und historischen Herleitung kritisch hinterfragt wird. In diesen Teilen dürften sich die Reaktionen auf das Buch je nach Standort des Betrachters durchaus polarisieren. Die vorgebrachten Argumente verdienen eine eingehende Prüfung, auch wenn eine allgemeine Zustimmung zu einigen von ihnen kaum zu erwarten steht.

Teil III arbeitet Gefährdungen der Kirche und Wege zu ihrer Überwindung heraus. Als Gefährdungen identifiziert der Vf. die Verweltlichung der Kirche, die Versuchung zur Tyrannei sowie die Spaltungen in der Kirche. In europäisch-ökumenischer Perspektive ist vor allem bemerkenswert, dass die missionarische Volkskirche als das Modell für die Zukunft vorgestellt wird, während die Freikirchen aufgrund ihres „atomisierten Kirchenbegriffs" und des „subjektivistischen" Glaubensverständnisses eine recht kritische theologische Behandlung erfahren. Die größte Aussicht, auf dem Weg der Einheit voranzukommen, wird schließlich den Gemeinschaften innerhalb der Reformationskirchen und der römisch-katholischen Kirche zugesprochen.

Diese Ekklesiologie in evangelisch-lutherischer Perspektive ist erkennbar in ökumenischer Absicht geschrieben. Insbesondere für die Suche nach einer wachsenden Einheit zwischen der lutherischen und der römisch-katholischen Kirche bietet der Band wichtige Impulse. Dabei kann als der zentrale Impuls gelten, die Einheit der Kirche von der in ihr anerkannten Wahrheit her zu begründen, das heißt: der Heiligen Schrift als Kundgabe von Gottes Selbstoffenbarung in Jesus Christus.

Christoph Raedel

MARTIN LUTHER ÖKUMENISCH

Walter Kasper, Martin Luther. Eine ökumenische Perspektive. Patmos-Verlag, Ostfildern 2016. 96 Seiten. PB. 8,– EUR.

Kurz vor den Feierlichkeiten zum Reformationsjubiläum im Jahr 2017 hat Walter Kardinal Kasper, der ehemalige Präsident des Rates zur Förderung der Einheit der Christen, ein kleines Buch zu Martin Luther veröffentlicht.

Darin beschreibt Kasper den Reformator als eine zutiefst ökumenische Persönlichkeit, den letztlich keine Seite ganz für sich vereinnahmen dürfe. Denn Luther sei es schließlich nicht um die Gründung einer eigenen Kirche, sondern um die Reform der Kirche aus der Botschaft des Evangeliums gegangen. Es gelte daher, sich von allem Tand und Lutherbildern der Jahrhunderte zu befreien und auf Luther selbst zu hören. Dabei komme vieles zutage, was für den Menschen heute aktuell sei. Kasper zeigt zum Beispiel, wie nahe sich Luther und Papst Franziskus sind, denn beide betonen als zentrale Mitte des Evangeliums die Botschaft von der Barmherzigkeit. Nur aus ihr heraus könne die Kirche leben.

Kaspers Blick auf Luther ist erfrischend und durchaus ökumenisch fordernd, denn der ehemalige Ökumeneminister des Vatikans ist sich bewusst: „Viele Christen erwarten zu Recht, dass das Gedenken von 500 Jahren Reformation uns ökumenisch einen Schritt dem Ziel der Einheit näher bringen werde. Wir dürfen diese Erwartung nicht enttäuschen." Das lesenswerte Büchlein geht zurück auf einen viel beachteten Vortrag, den Kasper 2016 in Berlin gehalten hat.

Marc Witzenbacher

Pfarrer Christoph Anders, Evangelisches Missionswerk in Deutschland, Normannen-weg 17–21, 20537 Hamburg; Prof. Dr. Johannes Berthold, Landesverband Landes-kirchlicher Gemeinschaften Sachsen e. V. (LLGS), Hans-Sachs-Straße 37, 09126 Chemnitz; Metropolitan Geevarghese Mor Coorilos, Niranam Diocese of Jacobite Syrian Christian Church, Theeram Bishop's House, Mezhuvangadu PO, Thiruvalla, Pathanamthitta Dist, Kerala, India; KRätin Anne Heitmann, Evangelische Landeskir-che in Baden, Blumenstraße 1–7, 76133; Karlsruhe; Dr. Markus-Liborius Hermann, Katholische Arbeitsstelle für missionarische Pastoral e. V. (KAMP e. V.), Holzheien-straße 14, 99084 Erfurt; Pfvin. Dr. Jutta Koslowski, Gnadenthal 7, 65597 Hünfelden; Prof. Dr. Anja Middelbeck-Varwick; Freie Universität Berlin, Seminar für Katholische Theologie, Fabeckstraße 23–25, 14195 Berlin; Prof. Dr. Jürgen Moltmann, Biesinger-straße 25, 72070 Tübingen; KR Pfarrer Dr. Matthias Pöhlmann, Der Beauftragte für Sekten- und Weltanschauungsfragen der Evangelisch-Lutherischen Kirche in Bayern, Karlstraße 18, 80333 München; Prof. Dr. Christoph Raedel, Freie Theologische Hoch-schule Gießen, Rathenaustraße 5–7, 35394 Gießen; Pfarrer Dr. Tobias Sarx, Dorfstraße 25, 18182 Blankenhagen; Prof. Dr. Dorothea Sattler, Westfälische Wilhelms-Universi-tät Münster, Ökumenisches Institut, Hüfferstraße 27, 48149 Münster; Andrew Suderman, The Croft, Flat 4, 17 Croft Road, Pietermaritzburg, KwaZulu-Natal, South Africa; Pfarrer Marc Witzenbacher, Ökumenische Centrale, Ludolfusstraße 2–4, 60487 Frankfurt.

Thema des nächsten Heftes 1/2017:

Heiliges und Großes Konzil
Kreta 2016

mit Beiträgen u. a. von Dagmar Heller, Martin Illert,
Johannes Oeldemann, Reinhard Thöle, Natallia Vasilevich,
Georgios Vlantis

604　ÖKUMENISCHE RUNDSCHAU – Eine Vierteljahreszeitschrift

In Verbindung mit dem Deutschen Ökumenischen Studienausschuss (vertreten durch Thomas Söding, Bochum) herausgegeben von Angela Berlis, Bern; Petra Bosse-Huber, Hannover; Daniel Buda, Genf/Sibiu; Amelé Ekué, Genf/Bossey; Fernando Enns, Amsterdam und Hamburg (Redaktion); Dagmar Heller, Genf; Martin Illert, Hannover (Redaktion); Heinz-Gerhard Justenhoven, Hamburg; Ulrike Link-Wieczorek, Oldenburg/Mannheim (Redaktion); Viola Raheb, Wien; Johanna Rahner, Tübingen (Redaktion); Barbara Rudolph, Düsseldorf (Redaktion); Dorothea Sattler, Münster; Oliver Schuegraf, Hannover (Redaktion); Athanasios Vletsis, München; Rosemarie Wenner, Frankfurt am Main, Marc Witzenbacher, Frankfurt am Main (Redaktion).

ISSN 0029-8654　　　　　　　　　　ISBN 978-3-374-04571-6
www.oekumenische-rundschau.de

Redaktion: Marc Witzenbacher, Frankfurt a. M. (presserechtlich verantwortlich)
Redaktionssekretärin: Gisela Sahm
Ludolfusstraße 2–4, 60487 Frankfurt am Main
Tel. (069) 247027-0 · Fax (069) 247027-30 · e-mail: info@ack-oec.de

Verlag: Evangelische Verlagsanstalt GmbH
Blumenstraße 76 · 04155 Leipzig · www.eva-leipzig.de
Geschäftsführung: Arnd Brummer, Sebastian Knöfel

Satz und Druck: Druckerei Böhlau · Ranftsche Gasse 14 · 04103 Leipzig

Abo-Service und Vertrieb: Christine Herrmann
Evangelisches Medienhaus GmbH · Blumenstraße 76 · 04155 Leipzig
Gläubiger-Identifikationsnummer: DE03EMH00000022516
Tel. (0341) 71141-22 · Fax (0341) 71141-50
E-Mail: herrmann@emh-leipzig.de

Anzeigen-Service: Rainer Ott · Media Buch + Werbe Service
Postfach 1224 · 76758 Rülzheim
www.ottmedia.com· ott@ottmedia.com

Bezugsbedingungen: Die Ökumenische Rundschau erscheint viermal jährlich, jeweils im ersten Monat des Quartals. Das Abonnement ist jeweils zum Ende des Kalenderjahres mit einer Frist von einem Monat beim Abo-Service kündbar.
Bitte Abo-Anschrift prüfen und jede Änderung dem Abo-Service mitteilen.
Die Post sendet Zeitschriften nicht nach.
Preise (Stand 1. Januar 2016, Preisänderungen vorbehalten):
Jahresabonnement (inkl. Versandkosten): Inland: € 42,00 (inkl. MWSt.),
Ausland: EU: € 48,00, Nicht-EU: € 52,00 (exkl. MWSt.)
Rabatt (gegen Nachweis): Studenten 35 %.
Einzelheft: € 12,00 (inkl. MWSt., zzgl. Versand)

Die nächste Ausgabe erscheint Januar 2017.